孟子

最美国学

季旭升教授 总策划
文心工作室 编著

中央编译出版社
Central Compilation & Translation Press

京权图字：01-2006-6431
中文經典 100 句：孟子
中文簡體字版 ⓒ 2006 由中央編譯出版社發行
本書經城邦文化事業股份有限公司商周出版事業部授權，
同意經由中央編譯出版社，出版中文簡體字版本。
非經書面同意，不得以任何形式任意重製、轉載。

图书在版编目（CIP）数据

孟子／文心工作室编著．—北京：中央编译出版社，2013.12（2018.3 重印）
（最美国学）
ISBN 978-7-5117-1857-0

Ⅰ．①孟⋯　Ⅱ．①文⋯　Ⅲ．①儒家 ②《孟子》-通俗读物　Ⅳ．①B222.5-49

中国版本图书馆 CIP 数据核字（2013）第 262790 号

最美国学　孟子

出 版 人：	葛海彦
出版统筹：	贾宇琰
策 划 人：	苗永姝
责任编辑：	苗永姝
责任印制：	刘　慧
出版发行：	中央编译出版社
地　　址：	北京西城区车公庄大街乙 5 号鸿儒大厦 B 座（100044）
电　　话：	（010）52612345（总编室）　（010）52612335（编辑室）
	（010）52612316（发行部）　（010）52612346（馆配部）
传　　真：	（010）66515838
经　　销：	全国新华书店
印　　刷：	北京紫瑞利印刷有限公司
开　　本：	880 毫米×1230 毫米　1/32
字　　数：	235 千字
印　　张：	12.125
版　　次：	2014 年 1 月第 1 版
印　　次：	2018 年 3 月第 4 次印刷
定　　价：	28.00 元
网　　址：	www.cctphome.com　邮　箱：cctp@cctphome.com
新浪微博：	@中央编译出版社　微信：中央编译出版社（ID：cctphome）
淘宝店铺：	中央编译出版社直销店（http：//shop108367160.taobao.com）
	（010）55626985

本社常年法律顾问：北京市吴栾赵阎律师事务所律师　闫军　梁勤
凡有印装质量问题，本社负责调换。电话：（010）55626985

目录

出版缘起　站在文化巨人的肩膀上　001
专文推荐　芝麻！开门！　004

义利之辨

王亦曰仁义而已矣，何必曰利　003
无恒产而有恒心者，惟士为能　008
如知其非义，斯速已矣，何待来年　012
闻诛一夫纣矣，未闻弑君也　016
悦贤不能举，又不能养也，可谓悦贤乎　020
事半古之人，功必倍之　024
二者不可得兼，舍鱼而取熊掌者也　027
位卑而言高，罪也　030
不挟长，不挟贵　034
人之所以异于禽兽者，几希　038
焉有君子而可以货取乎　042
人有不为也，而后可以有为　045
仁也者，人也　048

王者之道

率兽而食人也 053

养生丧死无憾,王道之始也 057

以五十步笑百步 061

劳心者治人,劳力者治于人 064

以大事小者,乐天者也 067

虽有智慧,不如乘势 071

欲为君,尽君道;欲为臣,尽臣道 075

仁者无敌 079

为政不难,不得罪于巨室 083

仰而思之,夜以继日 086

以若所为,求若所欲,犹缘木而求鱼也 090

故为政者,每人而悦之,日亦不足矣 094

君仁,莫不仁 097

仁则荣,不仁则辱 100

以德服人者,中心悦而诚服也 103

徒善不足以为政,徒法不能以自行 107

修身养性

养心莫善于寡欲 113

枉己者,未能直人者也 117

为富不仁矣,为仁不富矣 121

父子有亲,君臣有义 124

天下之本在国，国之本在家，家之本在身　128
言非礼义，谓之自暴也　132
道在迩而求诸远，事在易而求诸难　135
事，孰为大？事亲为大　138
可以仕则仕，可以止则止　141
不以文害辞，不以辞害志　145
养其小者为小人，养其大者为大人　149
博学而详说之，将以反说约也　152
一齐人傅之，众楚人咻之　155
观近臣，以其所为主　158
资之深，则取之左右逢其原　162
学问之道无他，求其放心而已矣　166
虽有恶人，斋戒沐浴，则可以祀上帝　169
大孝终身慕父母　173
仰不愧于天，俯不怍于人　177
人之患，在好为人师　180
今茅塞子之心矣　183
夫人必自侮，然后人侮之　186
爱人者，人恒爱之　190

天地无限

君子不怨天，不尤人　197
明足以察秋毫之末，而不见舆薪　200

民归之，由水之就下，沛然谁能御之 203
乐以天下，忧以天下 207
独乐乐，与人乐乐，孰乐？ 211
如水益深，如火益热 215
天时不如地利，地利不如人和 218
一日暴之，十日寒之 222
顺天者存，逆天者亡 227
今之为仁者，犹以一杯水救一车薪之火也 231
禹以四海为壑 235
齐人有一妻一妾 239
君子不以天下俭其亲 243
有不虞之誉，有求全之毁 246
民之归仁也，犹水之就下、兽之走圹也 249
为高必因丘陵，为下必因川泽 253
冯妇攘臂下车 256
然后知生于忧患而死于安乐也 259
往者不追，来者不拒 263

人性本善

是以君子远庖厨也 269
老吾老，以及人之老 272
是故诚者，天之道也 275
无恻隐之心，非人也 279

听其言也，观其眸子，人焉廋哉？ 283

苟得其养，无物不长 286

非天之降才尔殊也 290

是岂水之性哉？其势则然也 294

四海之内皆将轻千里而告知以善 298

取诸人以为善，是与人为善也 302

大人者，不失其赤子之心者也 306

求则得之，舍则失之 309

出入相友，守望相助 314

浩然正气

彼一时，此一时也 319

当今之世，舍我其谁 322

有为者亦若是 325

富贵不能淫，贫贱不能移，威武不能屈 328

不直，则道不见 331

天下之不助苗长者寡矣 334

古之人未尝不欲仕也，又恶不由其道 338

孔子，圣之时者也 342

我知言，我善养吾浩然之气 346

我意欲正人心，息邪说 349

故声闻过情，君子耻之 353

出于其类，拔乎其萃 357

古之君子,过则改之　361

吾未闻枉己而正人者也　365

大而化之之谓圣,圣而不可知之之谓神　369

穷则独善其身,达则兼善天下　373

出版缘起

站在文化巨人的肩膀上

台湾师范大学国文系教授 季旭升

"犁明即起，洒扫庭厨。忘着窗外，一片篮天白云，令人腥情振忿。随便灌洗一下，整理遗容之后，走到客听，粘起三柱香，拜完劣祖劣宗，希望祖宗给我保屁。然后勿勿敢往朋友的寿宴，为朋友举殇祝寿，大家喝的欲罢不能。谈到朋友的事叶出现危机，我就建议他要摒持理念、拿出破力。朋友也免励我要多用功，才能写出家誉户晓、踯地有声的文章。晚上我开始发粪读书，日以继夜的终于写完这一篇文章。"

这是用现在见怪不怪的错字集锦而成的一篇小文，果然可以"掷地"，但是未必"有声"。近年来，这种错字太多了，老师开始忧心、家长开始忧心、社会贤达开始忧心，只有学生和教育主管部门不忧心，教育主管部门甚至于还要进一步削减中小学的国语文授课时数。终于,社会的忧心迸发了,由各界组成的"抢救国文联盟"日前已起来呼吁教育主管部门要正视这个问题,不要坐视台湾竞争力一日一日的衰落。

身为文化事业一分子的商周出版,老早就在正视这个问题了,所以洞烛机先地策划了"中文可以更好"系列,为文字针砭、为语文把脉,希望把这些年语文界的毛病治好。各界反应还不错。

语文的毛病治好了,体质还是不够强壮。商周出版认为进一步要熬十全大补汤,让我们的语文更强壮。这"十全大补汤"就是"中文经典100句"(即"最美国学")系列。

《荀子·劝学篇》说:

> 吾尝终日而思矣,不如须臾之所学也。吾尝跂而望矣,不如登高之博见也。登高而招,臂非加长也,而见者远;顺风而呼,声非加疾也,而闻者彰。假舆马者,非利足也,而致千里;假舟楫者,非能水也,而绝江河。君子生非异也,善假于物也。

学画一定要先从芥子园画谱学起。芥子园画谱是初学者的"经典"。

张大千的画艺要更上层楼,所以要去千佛洞临壁画。千佛洞是张大千的"经典"。

学书法的人要学二王颜柳,二王颜柳是书法界的"经典"。

出版缘起

经典是古代圣贤才智的结晶,是民族文化的源头。

多认识经典可以让我们站在巨人的肩上,长得更快、更高。

多认识经典可以让我们的思想、文字带有民族智能、民族风格。

《论语》、《史记》、《古文观止》、《孟子》、《诗经》、《庄子》、《战国策》、《唐诗》、《宋词》、《世说新语》等,这十本书应该是现代国民的"最低限度必读经典",作为这个民族的一分子,没有读过这十本书,就称不上这个民族的"知识分子"。但是,现代人实在太忙了,大人忙着五光十色、小孩忙着被教改、社会忙着全民英检、国家忙着走出去,人人都在盲茫忙,商周出版因此为忙碌的人们炖一锅大补汤,用最活泼简明的文句,把经典的精粹提炼出来,让大家可以在"三上"(马上、枕上、厕上)阅读。在做完文字针砭、为语文把脉、把病痛治好后,让我们来培元固本,增强功力,站在文化巨人的肩膀上,看得更高,飞得更远!

专文推荐

芝麻！开门！

台北大学中国语文学系副教授 马宝莲

  随着"黄金博物馆"园区的开放，熙来攘往的人潮，让璞玉般的"金瓜石"再现风华。大家拾阶而上，移步换景，各自脚踏实地地解读着这个耐人寻味的矿区。"山村犹有读书声"，任谁也想象不到有着雄伟校舍的最高学府——"时雨中学"当初局促一隅的模样；任谁也想不到这儿竟是我与"孟子"结缘的开始。

  孟子曰："君子之所以教者五：有如时雨化之者，有成德者，有达财者，有答问者，有私淑艾者。此五者，君子之所以教也。"（《孟子·尽心》）新生入学，老师首要之务就是阐释校名的由来，深恐看惯老天泪眼、穿惯雨衣雨鞋的我们误解了它；怕我们忘了前人在筚路蓝缕中艰辛创校、如及时雨般沾溉矿山学子的用心。尔后，孟子的名言也就涓涓滴滴地注入我们学子的心田——"大人者，不失其赤子之心"的自我期许、"事亲为大、守身为大"

的不二法门,"父子有亲、君臣有义、夫妇有别、长幼有序、朋友有信"五伦的践履、"恻隐之心、羞恶之心"的共识、"鱼与熊掌、舍生取义"的抉择、"太山北海、反掌折枝"不能与不为的分野,"行有不得,反求诸己"的省思等,遂使典册不再是典册,而成为一己的身心之学。

随后自己忝为人师,在"诲人必以规矩"、"教亦多术矣"的实证中,间或也有"得天下英才教育之,一乐也"的欣慰,体会"学问之道无他,求其放心而已矣"的要义,也深知"揠苗助长"的不当。然而,在讲授《孟子》的篇章时,孟子慷慨激昂的生命力,每每令人动容——"万物皆备于我,反身而诚,乐莫大焉"、"富贵不能淫,贫贱不能移,威武不能屈,此之谓大丈夫"、"天将降大任于斯人也,必先苦其心志,劳其筋骨,饿其体肤,空乏其身,行拂乱其所为,所以动心忍性,增益其所不能"、"闻诛一夫纣矣,未闻弑君也"、"仰不愧天、俯不怍地"、"舍我其谁"种种的认知与担当,对年轻的学生而言更是深具感染力。

虽然有些人认为孟子只是位辞锋犀利善辩的人,孟子则已自陈"予岂好辩哉?予不得已也"的苦衷;虽然有些人一如梁惠王看待孟子是一位"迂远而阔于事情"(《史记·孟子荀卿列传》)的人,殊不知太史公一读到"王何必曰利",每每废书而叹:"当是之时……天下方务于合纵连衡,以攻伐为贤,而孟轲乃述唐虞三代之德,是以所如者不合。"然而,"此一时也,彼一时也",《孟子》被列为四书、列为十三经、列入哲学、思想史等,其内容的重要性与丰富性早已被认可。近代方家学者亦不乏以深入浅出的方式介绍孟子，如黄俊杰、傅佩荣教授；也有以语译、广解的蒋伯潜、杨伯峻先生；兼有针对重要议题的探讨，如袁保新教授以"人禽之辨、王霸之辨及义利之辨"撰成孟子三辨的专著等，凡此自然都是研读孟子颇具奠基价值的书籍。

至于此次继《最美国学 论语》后推出的《最美国学 孟子》，由文心工作室优秀的文史哲硕博士毕业生负责编撰，不唯有大家熟知的智慧名句"五十步笑百步"、"声闻过情，君子耻之"、"人有不为也，而后可以有为"；也有别具只眼值得反复咀嚼的佳句"虽有恶人，斋戒沐浴，则可以祀上帝"、"君仁，莫不仁；君义，莫不义；君正，莫不正；一正君而国定矣"等。一般读者可以借由各单元相关的语文知识轻松地读，体会《孟子》历久弥新的精神。而经典100句，将《孟子》精华再现，以穿梭中外故实、征引时事等跳脱窠臼的写法，不独可以引起中学生亲近经典的兴趣，也可列为分类编排《文化基本教材》延伸阅读的参考资料。

每个人都是一本书，如果我们想"尚友古人"，和孟子这位发光、发热的谔谔之士结个不解之缘，不妨把此书当做敲门砖，轻轻地喊声："芝麻！开门！"也许就会有"去圣人之世若此其未远也，近圣人之居若此其甚也"（《孟子·尽心》）的感受；而"书中自有黄金屋"，入宝山又怎会空返呢？

义利之辨

王亦曰仁义而已矣,何必曰利

名句的诞生

孟子见梁惠王[1]。王曰:"叟[2]!不远千里而来,亦将有以利吾国乎?"孟子对曰:"王!何必曰利?亦[3]有仁义而已矣。王曰:'何以利吾国?'大夫曰:'何以利吾家?'士庶人[4]曰:'何以利吾身?'上下交征[5]利而国危矣。万乘之国,弑[6]其君者,必千乘之家;千乘之国,弑其君者,必百乘之家[7]。万取千焉,千取百焉,不为不多矣。苟[8]为后义而先利,不夺不餍[9]。未有仁而遗[10]其亲者也,未有义而后其君者也。王亦曰仁义而已矣,何必曰利?"

——梁惠王章句上

完全读懂名句

1. 梁惠王:就是魏惠王,战国中期魏国国君,名䓨,惠是他的谥号。因魏国都城在大梁(今河南开封西北),所以又叫梁惠王。2. 叟：老人，对年长者的尊称。3. 亦：只、只要。4. 士庶人：士人和庶人。士人即学者、为官者，庶人即老百姓。5. 交征：相互争夺。征，取。6. 弑：下杀上、卑杀尊、臣杀君叫弑。7. 万乘、千乘、百乘：古代用四匹马拉的一辆兵车叫一乘，诸侯国的大小以兵车的多少来衡量。8. 苟：如果。9. 餍：音yàn，满足之意。10. 遗，遗弃、抛弃。

孟子拜见梁惠王。梁惠王说："老先生，您不远千里而来，一定是有什么对我的国家有利的高见吧？"

孟子回答说："大王！何必开口闭口都是利字呢？只要讲仁义就对了。像大王您说：怎样使我的国家有利？大夫们说：怎样使我的家庭有利？士人和老百姓说：怎样使我自己有利？结果上上下下相互争权夺利，国家能不危险吗？在一个拥有一万辆兵车的国家里，杀害他国君的人，一定是拥有一千辆兵车的大夫；在一个拥有一千辆兵车的国家里，杀害他国君的人，一定是拥有一百辆兵车的大夫。在一万辆兵车的国家中就拥有一千辆，在一千辆兵车的国家中就拥有一百辆，他们拥有的不算不多。可是，如果把义放在后而把利摆在前，他们不夺得国君的地位是永远不会满足的。反过来说，从来没有讲'仁'的人抛弃父母，从来也没有讲义的人却不顾君王。所以，大王只要谈仁义就行了，何必说利呢？"

义利之辨

名句的故事

　　《孟子》一书，开宗明义第一章谈及的便是孟子有名的"义利之辨"。这种观点，可以说是由孔子开其端，因为在《论语·里仁》篇中，孔子便曾说过："君子喻于义，小人喻于利。"孟子之后的荀子也继承此说，在他的《荀子·大略篇》中如此写道："盛世重义，乱世重利。"

　　"君子不言利"一直是儒家的传统，不仅儒学的三位大家孔子、孟子、荀子都曾先后且深入地谈到"义"与"利"的区分及利弊，并史学家司马迁也说自己每回读"孟子见梁惠王"这章时，总会发出如此感叹："利实在是天下大乱的原因啊！"

　　确实，以"利"为出发点，人们便会为了追逐利益而致使良知蒙昧。良知一旦蒙昧，任何人只要在利益的驱使下，都有可能做出不义之事，甚至于危害社会，这也就是为什么大儒们如此重视且强调"义"与"利"的区隔。

　　可以这么说，"义利之辨"其实正代表着一个人的价值观，也代表着一种价值观的抉择，是先秦儒家"重德行、轻利害"的一个源头，在儒家的体系中非常重要，直到今天，都被认为是儒学的核心义理之一。

　　朱熹《孟子集注》里说得更直截了当，认为君子不言利并不是完全不想利，只不过不唯利是图而已。而孟子之所以说得那么坚决，是因为当时的人都唯利是图，根本不知世上有"仁义"

二字。

如此语重心长又振聋发聩的警言,怎能不让人深自反思呢!

历久弥新说名句

无论古今中外,见"利"忘"义"的例子可说是不胜枚举,归根究底,这全是由于人们太在乎切身的利益,而将仁义道德等善良德性全部弃之于脑后。

但若我们仔细想一想,其实孟子积极想说服梁惠王所说的"仁义而已矣",最终目的也是为了"利"于天下、"利"于百姓,只不过这个"利"是"大利",与梁惠王那种短视且急功近"利"的"小利"不可同日而语。并且,施行仁义做起来不仅不必劳民伤财,更不必外求于人,只需反求诸己。由自己本身做起,将仁德广披众人,自然天下就会稳定,百姓就能安康。

前美国总统肯尼迪说过一句名言:"不要问国家为你做了什么,要问你为国家做了什么。"我们若深思其意,便可发现其实这句话与孟子的"何必曰利"之语背后都具有相同的意涵,也就是皆先重视自我要求,直至尽己所能、无愧于心后,方才再论其他。

直至今日,"何必曰利"常常单独被提领出来,作为一种表达"行某事、非为利"的立场,而不再与"仁义"二字捆绑在一起。因此我们可以看到许多企业主在赞助某些商业活动时,总口口声声对记者们说"何必曰利",就像中国大陆一家烟厂总裁在赞助西班牙某知名足球队时，打出的口号便是："赞助皇马'何必曰利'。"但其实明眼人皆知，若不为利，所为为何？

如果孟子知道自己当初那样铿锵有力的"何必曰利"之语，在今天居然被人当成一种"看似俨然"却"其心昭著"的博取声名之语，真不知道老先生会作何感想。

无恒产而有恒心者，惟士为能

名句的诞生

无恒¹产而有恒心者，惟士为能。若民，则无恒产，因无恒心。苟无恒心，放²辟³、邪侈⁴，无不为已。及陷于罪，然后从而刑⁵之，是罔⁶民也。

——梁惠王章句上

完全读懂名句

1. 恒：常、一定的。2. 放：放荡。3. 辟：同"僻"，与"邪"同义。4. 侈：不依制度、胡行乱为。5. 刑：动词，加以刑罚。6. 罔：同"网"，罗网之意，此处意指张网罗织、陷百姓于绝路。

没有稳定的资产作为生活保证，却又要求保持良好的道德品质，恐怕只有贤达之人才能做到这点。一般的民众，假如没有稳定的资产收入，便会心神动摇。一旦心神动摇，便会放纵、骄奢、奸诈、欺骗，无所不为。等人们真的犯了罪，国家便用严峻的刑罚加以惩罚，这其实等于是国家张网故意去引导民众犯错而后又逮捕他们。

名句的故事

孟子对齐宣王的"王道"课程，以分析当时的大势为始，以具体的实施细则为终。

当其时，天下像齐国一样方圆千里的共有九个国家，齐国只占其中的九分之一，想单靠一个国家的军事力量去让其余八个国家臣服，自然是痴人说梦。正因如此，所以孟子的游说之辞——让天下做官的人都在齐国朝廷有立足之地、让天下种田的人都想在齐国的土地上耕种、让四方的商人都想在齐国的城市里做生意、让旅行的人都想走在齐国的大道上、让天下痛恨自己国君的人都跑来向齐宣王诉苦……在极大的程度上让齐宣王看到了希望，也造成了他心中对以"仁政"一统天下的向往。

至此，齐宣王已几乎完全接受了孟子的游说，因此便开始虚心地请教，希望孟子能将"仁政"该如何施行的方式一五一十告知他。眼见自己的"游说"工作已具成效，孟子自然毫无保留地将自己的想法一一道出，而这其中最关键的一个前提便是：让老百姓保有自己固定的财产。因为人民没有固定的财产，就不会有固定的道德追求，而没有了道德追求，便会胡作非为，造成社会的不安定。

"温饱",可以说是人类最基本的生存需求与权利,若连这种最基本的权利都丧失,要求道德未免太苛刻。我们都知道,孟子一向提倡"性善",也就是认为世上所有人本性都是纯善的,但这其实只是一种理念。因为若在生活都不得温饱之时,还要求坚守个人的道德操守,不仅过于苛刻,也是一种不实际的幻想,所以在这一点上,孟老夫子还是看得相当透彻的。

历久弥新说名句

孟子"有恒产才有恒心"的说法,虽然无法概括社会动荡的所有原因,但却足以说明某些确实存在的问题。《管子·牧民》篇中所提及的"仓廪实则知礼节,衣食足则知荣辱"之说,便与孟子的观点相契合,皆是认为若能先满足百姓的温饱问题,那么许多社会问题也有可能迎刃而解。

古希腊时代的哲人亚里士多德曾说过,中产阶级不发达是政治不稳定的根源。因为当中产阶级弱小无力并且组织很差时,国家就会分裂为穷人和富人,由于二者是天然的敌人,所以在政治上往往会互相排斥,很难妥协,并由此导致社会的不稳定。并且他还发现,古希腊民主的发达与中产阶级的崛起有很大关系。

姑且不论东西方政治体制的差异,但孟子与亚里士多德至少在"财富的平均分配足以维持社会稳定"这点上,看法是相类似的。

义利之辨

时至今日，孟子当年的观点依然让不少领导人深记在心。就像新加坡前总理李光耀先生，他在担任新加坡总理之初，着实为国民缺乏国民意识而苦恼不已。有一天，当他苦苦思索治国之道时，突然看见一个男人拼命地追赶一扇被台风刮跑的门板。这个画面让李光耀先生突然间有所体悟：这个男人家的门板能被风刮走，显然是个穷人，一个穷人为了一扇门板都能如此拼命，假如他有更多的家产，那一定会为维护这个国家而拼命。从此，李光耀明白自己的使命就是要让每个新加坡人都积累起财富，都有一栋美好的房子，如此一来，国家方能走向安定。

除了用在治国之道上，孟子"有恒产才有恒心"的观点也被不少人拿来作为"高薪养廉"也就是培养廉正官员的一个基本论点。因为这些人认为"高薪"可以"养廉"，只要能提供给官员优裕的生活条件，必能让官员们"不必"去犯某些罪恶。

当然，高薪是否真能养廉，而多高的薪水才能养廉都让人莫衷一是，但领导者在制订国策计划时，能不以自己的利益为前提，而先由富国、富民的角度出发，绝对会是全民之福祉、治国之良策。

如知其非义,斯速已矣,何待来年

名句的诞生

孟子曰:"今有人日攘[1]其邻之鸡者,或告之曰:'是非君子之道。'曰:'请损[2]之,月攘一鸡,以待来年,然后已。'如知其非义,斯速已矣,何待来年。"

——滕文公章句下

完全读懂名句

1. 攘:侵占。2. 损:减少。

孟子说:"有一个小偷,每天都偷抓一只邻人养的鸡,有人劝告他说:'这不是君子应该做的事情。'小偷便回答:'那先让我减少好了,我改成每月只偷一只鸡,明年才完全不偷鸡。'一个人如果知道自己的行为是不对的,就应该马上改正,为什么需要等到明年呢?"

义利之辨

名句的故事

　　长篇大论的说教,有时候不如一个短篇的寓言故事,更可以发挥说理的功效。战国时代游说之风盛行,国君如何消化、吸收这么多策士的长篇大道呢?就是运用通俗易懂的寓言故事。我们不要以为孟子总是出口成章、非天地君亲师不谈,他可是一个说故事的高手!

　　当时宋国大夫戴盈之跟孟子谈论治理国家的问题。孟子提出税捐之于百姓的负担,可能过重了些,戴盈之也认为这是事实。他便对孟子表示:"要仅仅征收十分之一的田赋,以及免去关卡和市场的税捐,这两项政策今年还不可能实行。这样好了,今年先稍微减轻一些税额,明年再来停止这些税收。"

　　孟子是聪明人,马上就听出戴盈之只是在说场面话,想要敷衍他,他并没有戳破对方的意图,随即想了一个故事:有一个小偷,每天都偷抓一只邻人养的鸡,有人劝告他说:"这不是君子应该做的事情。"小偷听了之后觉得很有道理,但是没有把握改掉这个毛病,便对朋友说:"那先让我减少好了,我改成每月只偷一只鸡,明年才完全不偷鸡。"如果已经知道这样是不对的,就应该马上改正,为什么需要等到明年呢?戴盈之听完之后,知道孟子是在嘲讽他,不禁感到羞愧,很快地向孟子告辞了。

历久弥新说名句

孟子的寓言故事生动幽默，听起来荒唐，却是我们人性的真实写照。后人便用"月攘一鸡"，形容一个人没有痛改前非的决心，宁可姑息自己的毛病。例如朱熹《朱子语类·卷十三》记载："今人多是安于所不安。做些事，明知事不好，只说怎地也不妨，正所谓'月攘一鸡，以待来年'者也。"世人的习惯就是明明知道有问题的事情，也会先安慰自己没关系，等晚一点再改过来就好。

清人包世臣在《复桂苏州第二书》中，谈论漕运管理问题，特别是关于请托、贿赂等行为的杜绝。他建议："然而世臣在新喻办漕，恪遵漕运则例，禁绝浮勒；此时为阁下谋，仍不外于浮勒，月攘一鸡。论者必讥其不恕，然审时度势，非此断不能行。"浮勒就是滥收赋税的意思。包世臣以为，要禁绝请托、贿赂，要先从漕政赋税的减免开始做起，而且是"月攘一鸡"慢慢地减少。由于"上行下效"的关系，政府既然敢收这么多的税捐，下面的人当然也敢开口要钱，所以要移风易俗，就要先从漕政的制度改革起。

宋朝文人苏辙在《缴驳青苗法疏》文中谈及宋朝"熙宁变法"中"青苗法"的施行问题。他说："青苗之事，乃犹因旧稍加损益，欲行绐臂徐徐、月攘一鸡之道。"原来，苏辙认为宋神宗、王安石实施青苗法，只是先把旧制内容稍作修正后就实施，就好像"月攘一鸡"的方式一样,是不可能有效果的;因此他认为不如不要施行青苗法。可见,政府实行政策必须要审时度势,避免"月攘一鸡"的弊端,才不会有"如知其非义,斯速已矣,何待来年"的笑话出现。

最近新闻播出,为了防止诈骗集团继续利用金融卡转账的手段骗取钱财,因此规定即日起金融卡转账每户每天限一万元,这个消息一释出,遭到不少反对的声浪,因为这样会妨碍到有人缴交上万元以上的信用卡费。虽然这是政府对人民的美意,然而,民间的反应是:这样的限制,只能让歹徒由"日攘一鸡"变成"月攘一鸡"而已。正本清源之道应该是打击罪犯、消弭诈骗才对啊!

闻诛一夫纣矣,未闻弑君也

名句的诞生

齐宣王问曰:"汤放[1]桀,武王伐纣,有诸?"

孟子对曰:"于传有之。"

曰:"臣弑[2]其君可乎?"

曰:"贼[3]仁者谓之贼,贼义者谓之残,残贼之人谓之一夫[4]。闻诛一夫纣矣,未闻弑君也。"

——梁惠王章句下

完全读懂名句

1. 放:放逐、流放。2. 弑:杀。古代为了显示"君"、"父"神圣不可侵犯的特殊尊严地位,特别制定"弑"字,专用于臣"杀"君、子"杀"父。3. 贼:伤害、戕害。4. 一夫:失掉人民同情的孤立者,荀子谓之"独夫"。

齐宣王问孟子:"商汤流放夏桀、周武王讨伐商纣王,有这么一回事吗?"

孟子说:"历史记载中,是有这回事。"

齐宣王说:"臣下杀他的君王,行吗?"

孟子说:"贼害仁的叫做贼,贼害义的叫做残。又害仁又害义的叫做独夫。因此我只听说周武王诛杀了一个叫纣的独夫,而没听说他弑君。"

名句的故事

孟子这句"闻诛一夫纣矣,未闻弑君也"的千古名言,被许多人视为传统政治哲学中最精彩的名句,不仅铿锵有力,也具有相当现代意义,甚至有人认为已可与西方启蒙时代英国哲人洛克的"吁天权"(即革命权)相媲美。

中国自古重视伦理观念,讲究"君君、臣臣、父父、子子"。君主具有无上的权威,因此自不可弑。但孟子却认为,失德失政之君已不再具备君王的资格,而只不过是一介凡夫俗子,正因此,他才会说出"君不可弑,独夫可诛"这样的话来。毕竟任何一个人都有捍卫自身生存的基本权利,因此面对暴政起而抗争,甚至"革君王的命"都不算是"弑君",而是一项正义之举,具有相当的革命意识。

在孟子的观念中,有道者可以讨伐无道者,新圣王可以替天行道、吊民伐罪,就算用暴力的手段来夺取政权也未尝不可。谁不行仁政,谁就该垮台;谁能行仁政,谁就可以称王。而其实,孟子的这个观点与《易传》相类似,《易传》中便曾说:"天地革而四时成。汤、武革命,顺乎天而应乎人。"

不难想象,当齐宣王听到孟子"杀一夫而非弑君"是顺乎天命、应乎人事之举的言论时,恐怕也是心中一凉,万分地戒慎恐惧。

历久弥新说名句

在讲究"人伦"、轻忽"天理"的时代中,"弑君"绝对是一项"逆伦"之事,但当孟子说出"闻诛一夫纣矣,未闻弑君也"的话后,不仅敲响了为政者的警钟,也让人了解到"天道"绝不助纣为虐的真正意涵。

中国自古有"史官"制度,因此在史书上也保留了不少的"弑君"之事,不过有趣的是,在史书之中,"人伦"还是重于"天理",像孟子这类大胆、坚持己见的说法还是比较少见的;如著名的"赵盾弑君",就算史官明知此君如何昏庸、暴虐,但最后终究是以"弑君"二字收场。

这个故事是这样的:春秋晋灵公是个昏君,而晋国正卿(宰相)赵盾是个正直的大臣,经常谏劝晋灵公。久而久之,晋灵公嫌赵盾碍手碍脚,便派刺客去暗杀赵盾。赵盾只得出走,不过在尚未逃出境外时,赵盾的族人赵穿便起兵杀了晋灵公。晋国太史董狐便在史书上写道:"赵盾弑其君。"并且"示之于朝"。赵盾对董狐说:"我并未弑君。"董狐说:"你是正卿,逃亡没有出境,国君被杀了,你回来后又未法办弑君的人,当然就等于是你弑君了。"赵盾毫无办法，只好叹口气，听任董狐写自己弑君了。

虽然今天我们多用"董狐笔"来形容刚正不阿之人，但若孟子在世，在得知晋灵公的"不仁"之后，必然会较迂腐不知变通的董狐来得开明，赵盾也不至于沦落至"弑君"的下场。

但这种问题本就见仁见智，而究竟是孟子过于"通变"、董狐过于"不阿"，还是赵盾其实具有"胸怀"？现在，不妨换个角度去思考问题，不要局限于既有的材料，这可是独立思考的第一步。

悦贤不能举，
又不能养也，可谓悦贤乎

名句的诞生

曰："缪公¹之于子思²也，亟³问⁴，亟馈⁵鼎肉⁶。子思不悦⁷。于卒⁸也，摽⁹使者出诸大门之外，北面稽首¹⁰再拜而不受。曰：'今而后知君之犬马畜伋¹¹。'盖自是台¹²无馈也。悦贤不能举¹³，又不能养也，可谓悦贤乎？"

——万章章句下

完全读懂名句

1. 缪公：名显，鲁缪公是鲁国国君。2. 子思：姓孔，名伋，字子思，孔子之孙，孟子之师。3. 亟：音 jì，屡次、每每。4. 问：问候。5. 馈：音 kuì，致赠、赠送。6. 鼎肉：熟肉。7. 悦：高兴。8. 卒：最后、末了。9. 摽：音 biāo，挥之使离去。

10. 稽首：稽首，古代跪拜礼，行礼时两手拱至地，头至手，不触及地。11. 畜伋：饲养。12. 台：始。13. 举：用。

孟子说："鲁缪公对于子思，多次问候，多次赠送肉食。子思很不高兴。最后，把缪公派来的人赶出大门外，面朝北跪下磕头，然后拱手拜了两拜，拒绝接受礼物，说：'如今才知道君王是把我当犬马一样畜养的。'从此以后，缪公就没再给子思送东西了。喜爱贤士，却既不提拔任用他，又不能按恰当的方式供养他，能说是喜爱贤士吗？"

名句的故事

万章是孟子的学生，他很喜欢质疑究竟圣贤是不是真的圣贤。曾问过孟子为何舜娶妻未事先禀告父母？当处处想杀他的弟弟过世时，舜的眼泪是真的还是假的？孔子怎么可以住在小人宦官雍疽的家里？

不过这一次没有圣贤让他质疑，他只是很困扰，"如果国君送他礼物，他到底该不该拿呢？"不知道是不是刚好有人送礼物给万章。不过任何问题都难不倒孟老师，孟子回答说："如果是周济救急就可以拿，但如果是赏赐就不能取。"万章不懂，孟子继续解释说："守门打更的人都有一定的职务，因此靠国君供养，没有一定的职务而接受上面的赏赐，这是不恭敬的。"

万章又不放弃，问："如果是救济赠送，那么可以常常拿吗?"这时,孟子就举出自己的老师子思的例子来说明,因为刚好鲁缪公就常常送肉食给子思。第一次,子思感激地接受了,并礼貌地道谢。第二次,还是行礼如仪。到了第三次,子思就不大高兴,把使者赶出门。

为什么子思会不大高兴呢?原因是他觉得鲁缪公光是养他,却不任用他、叫他做事,这种对待方式,就像在对待牛羊一样,只是在饲养家畜,而不是当成人才在尊敬与使用。

不知道万章心里是不是很想收下礼物,因此他还是不放弃:"那么国君想要供养君子,应该怎样做才算是适宜的供养呢?"孟子就举出尧对于舜的例子:"尧派自己的九个儿子去侍奉舜,把两个女儿嫁给他,百官、牛羊、粮食都齐备,在田野中供养他,然后提拔他,让他居于很高的职位。所以说,这是天子诸侯尊敬贤人的正确方法。"不过,要像尧对待舜一样,这样的礼物才能接受,恐怕没几个人可以得到。

历久弥新说名句

"悦贤而不能举",轻则丧失一名人才,重则可能种下日后国破家亡的悲惨命运。战国时著名的政治家商鞅年轻时在魏国宰相公叔痤门下当家臣。公叔痤夙知商鞅胸怀韬略,志向高远,不是甘居人下之辈,日后必定大有作为。一日,公叔痤向前来探视的魏惠王举荐商鞅,可是魏惠王对商鞅一点都不感兴趣。于是,公叔痤只好面色凝重地说:"如果您老确定不任用公孙鞅(商鞅的

义利之辨

本名），就请把他杀掉吧，千万不能让他出我魏国之境，因为恐日后此人成为魏国大患。"魏惠王只是点点头，随即离去。

魏惠王一走，公孙痤又后悔了，急忙召见商鞅，叫他赶紧逃命。卫鞅听完缘由，一副不以为然的样子："他都不能听您的话任用我，又怎么可能听您的话杀了我呢？"果不其然，惠王一离开就对身旁的侍臣说："公叔痤病糊涂了，可悲啊，居然要我把国家大事托付给一个家臣公孙鞅，真是太荒谬了！"后来公孙痤死后，魏惠王果然既不任用商鞅，也不杀他，就让他悬置在那里。

后来秦国的秦孝公上台，发布求贤令。商鞅听到消息，头也不回地西奔而去。之后果然成为秦国的宰相，大展抱负，在很短的时间内就把秦国变成一个超级强国。而命运罗盘的指针终于指回魏国，魏国成为秦国觊觎的对象，商鞅率领大军压境，魏国一败涂地，不得不割地求合。这时魏惠王才想起公叔痤的先见之明，而后悔当初"既不悦贤又不能举"！

事半古之人,功必倍之

名句的诞生

孔子曰:"德之流行,速于置邮[1]而传命。"当今之时,万乘之国行仁政,民之悦之,犹解倒悬[2]也。故事半古之人,功必倍之,惟此时为然。

——公孙丑章句上

完全读懂名句

1. 置邮:置和邮都是名词,相当于后代的驿站,这里指传递之意。2. 倒悬:倒转吊起,比喻困苦。

孔子说:"道德的流行,比驿站传递政令还要迅速。"现在这个时候,若拥有一万辆兵车的大国能施行仁政,那老百姓心中的开心,就如同倒吊的人被解救出来时一样。所以,只做古人一半的事,便可以得到双倍于古人的功绩,也只有这个时候才行啊!

义利之辨

名句的故事

在孟子的时代,虽然群雄争霸,但是其中最有潜力与实力的,莫过于齐国。

在夏、商、周三代的极盛时期,领土范围都没有超过千里,可当时齐国的领地却早已不只千里,并且四境之内鸡犬相闻、人口繁多、军力强盛,不用担心邻国的入侵,也不必刻意去扩张领土。

正因为此,所以孟子认为此时的齐国已具备了称霸天下的条件,只要能在国内施行仁政,将齐国百姓安和乐利、衣食无缺的情况让人知晓,自然四方邻国都会心悦诚服地前来归顺,根本不需再花费一兵一卒。所谓的"事半功倍",就是若齐国施行"仁政"所能得到的最大功效。

就是看到了齐国的势不可当,也难怪孟子对那位有众多小毛病的齐宣王寄予厚望,多次对他阐述行仁政的重要性与迫切性。毕竟在一个将成气候又孺子可教的君王身上下工夫,总比四处游说众多尚不成气候又没诚意的君主、"乱枪打鸟"的方式来得有效率。

由孟子的言语及行为来看,重点培养齐宣王确实是他亲身施行"事半功倍"的有效范例,在分析既有情势、把握机会以及精确对症下药这几点上,孟子可是一点不含糊。

历久弥新说名句

　　自孟子说出"故事半古之人，功必倍之，惟此时为然"之语后，"事半功倍"便成为一个著名的成语，意指费力少而功效大，并被后人广泛地运用着。例如《官场现形记》第二十四回："倘若我找着这个姑子，托他经手，一定事半功倍。"归根究底，讲的就是所谓的"效率问题"。

　　但其实要达成"事半功倍"还有一个重要的前提，那就是要具备观察、分析情势的清晰头脑，如此一来才能把握住最好的出手时机，让想达成的目标顺利完成。

　　与"事半功倍"相反的恰恰便是"事倍功半"，也就是在费了更多的时间与精力后，但所收获的结果还不如平常的一半。之所以如此，一方面自然是因为没有看清形势，另一方面则由于办事的方法错误，致使工作效率受到影响，西方俗谚："get twice the result with half the effort"，也是表达同样的意思。

　　在求学期间，"事半功倍"是相当重要的一件事，因此大家应该找出最适合自己的学习方式，以及最佳的学习时间点，如此一来，才能以最少的时间达成最高的读书效率。

二者不可得兼，舍鱼而取熊掌者也

名句的诞生

孟子曰："鱼，我所欲[1]也；熊掌，亦我所欲也。二者不可得兼[2]，舍[3]鱼而取熊掌者也。生，亦我所欲也；义，亦我所欲也；二者不可得兼，舍生而取义者也。"

——告子章句上

完全读懂名句

1. 欲：期望、希求。2. 兼：同时、一起。3. 舍：放弃。

孟子说："鱼是我喜欢吃的，熊掌也是我喜欢吃的；如果不能两样都吃，我就舍弃鱼而吃熊掌。生命是我想拥有的，正义也是我想拥有的；如果不能两样都拥有，我就舍弃生命而坚持正义。"

名句的故事

在本篇名句里,孟子讨论如何做选择的问题。到底是生命比较重要,还是义理比较重要?喜欢讲严肃大道理的孟子,却常常能够利用生动活泼的比喻,来传达他的想法。这次他用的比喻是鱼和熊掌这两种食物。

他说:"鱼是我喜欢吃的,熊掌也是我喜欢吃的;如果不能两样都吃,我就舍弃鱼而吃熊掌。生命是我想拥有的,正义也是我想拥有的;如果不能两样都拥有,我就舍弃生命而坚持正义。"

不知道鱼与熊掌是否真是孟子最爱的食物,也不知道为什么不能既吃鱼又吃熊掌。总之"鱼与熊掌"的抉择,已经成为历史上最有名的难题。但是孟子的重点不是在于食物的选择,孟子想强调的是"舍生取义"——正义比生命更重要的概念。他认为不义之财、不义之食,是宁可饿死穷死,都不可以拿的。

历久弥新说名句

人生的复杂就在于必须有所取舍、必须做选择。不仅在中国有"鱼与熊掌"的抉择。在西方也有:"生命诚可贵,爱情价更高。若为自由故,二者皆可抛。"

孟子主张要选择熊掌放弃鱼、要选择仁义放弃生命,《礼记》里面曾记载一个故事,不知道算不算是"舍生而取义"呢?

义利之辨

齐国遭到饥荒，黔敖准备了食物在路边赈济饥民。一个人饥饿不堪地走过来，黔敖连忙左手端饭、右手端汤冲那人喊道："喂！过来吃！"那人瞪着眼睛对黔敖说："我正因为不吃嗟来之食才饿成这个样子！"尽管黔敖再三向他道歉，那人仍然坚决不吃，直到饿死。

"舍生取义"是一种选择，人每天都要面临各式各样的选择、决定。不只人有选择的困扰，动物也有。《伊索寓言》记载了关于一匹马的选择的故事。

从前，有个人赶着一匹马和一头驴子上路。路途中，驴子对马说："求求你，我快不行了，我快累坏了。如果你能帮我分担一点东西，就能救我一命。"马选择拒绝。后来，驴子就精疲力竭而倒地、一命呜呼。于是，主人就把所有的货物，包括那张驴子皮，都放在马背上。这时，马悲伤地说："真是悔不当初！早知道我就做另外一个选择了。现在不但得驮上全部的货物，还又多加了一张驴皮。"不只动物，很多人也常常自以为是，自以为做了最聪明的算计与选择，结果却是"聪明反被聪明误"。

位卑而言高，罪也

名句的诞生

　　孟子曰："仕¹非为贫也，而有时乎为贫；娶妻非为养也，而有时乎为养。为贫者，辞²尊居卑，辞富居贫。辞尊居卑，辞富居贫，恶乎宜乎？抱关³击柝⁴。孔子尝为委吏⁵矣，曰：'会计当而已矣。'尝为乘田⁶矣，曰：'牛羊茁壮长而已矣。'位卑而言高，罪也。立乎人之本朝⁷而道不行，耻也。"

——万章章句下

完全读懂名句

　　1. 仕：做官。2. 辞：拒绝，辞却。3. 抱关：守门的小卒。4. 击柝：打更；柝，tuò，指打更用的梆子。5. 委吏：管仓库的小吏。6. 乘田：管苑囿的小吏，负责牲畜的饲养和放牧。7. 本朝：朝廷。

义利之辨

孟子说:"做官不是因为贫穷,但有时也是因为贫穷;娶妻不是为了孝养父母,但有时也是为了孝养父母。因为贫穷而做官的,便应该拒绝高官而做小官;拒绝高薪而只受薄禄。不做大官做小官,不要高薪要薄禄,做什么比较合适呢?比如说做守门打更一类的小吏。孔子曾经做过管理仓库的小吏,说道:'出入的账目清楚了。'又曾经做过管理牲畜的小吏,说道:'牛羊都长得很壮实。'地位低下却议论朝廷大事,这是罪过;身在朝廷做官而不能实现自己的抱负,这是耻辱。"

名句的故事

在一个官僚层级体制中,每个人有一个角色与位置,"不在其位,不谋其政"。守门打更的不能去打仗,打仗的不能去收税,收税的不能去看病,看病的不能去当皇帝。孔子严守这个分际,当他管理仓库时,他每天会说的话就只是:"出入的账目清楚了。"当他去照顾牲畜时,他就说:"牛羊都壮实了。"

孟子认为,处于低下的位置,却去发表上位者的言论(位卑而言高),是一种罪过。至于那些"位高而言卑"的人,身处于上面的重要位置,却尽说一些不重要、不认真的话,也就是孟子所说的,身在朝廷做官却不能实现自己的抱负,孟子认为,这也是一种罪过。身处高位的人,他的责任与影响力更为重大,如果不能好好扮演、发挥自己的角色、任务,将使整个社会人民都受其牵累,因此是一种更大的罪过。所以,孟子认为如果身居高位却未能抱持理想抱负，未能有所发挥，那么最好就只当一个小官，影响力有限，危害也就不至于太大。

因此孟子才说："因为贫穷，而不是因为抱负而做官的，便应该拒绝高官而做小官；拒绝高薪而只受薄禄。"现在，"位卑言高"已经变成一句常用的成语，谓在下位者而议论高官主管的政事，比喻超越本分而议论。

历久弥新说名句

姑且不论"位卑而言高"是否是一道德上的罪，但可以肯定的是，在法律上，它确实是一真实存在的罪。清朝乾隆时期，有一位官员叫做卢家元，他治官认真，持身严谨，以"下济苍生"、让百姓安居乐业为施政的目标，因此甚得百姓爱戴与尊敬。他曾经被委派监督兴修黄河防汛工程，不顾自已已66岁的高龄，多次带领下属实地勘察，认真审定施工方案，亲自深入筑堤工地现场，督促工期进展和工程质量，全心全意地投入修堤防汛之中。经他监督修筑的防洪大堤，不但品质优良，牢实坚固，而且还节省白银几万两。

卢家元为官清正，先后三次向朝廷上万言书，抨击时政，怒斥贪腐，情词激切，被朝廷以"位卑言高"之罪，革职并下贬到关外。后来因为大学士朱王圭的力保，道光帝才下诏特赦卢家元"位卑言高"之罪，并晋升为宜昌知府。

而宋朝的爱国大诗人陆游也曾说："位卑未敢忘忧国。"如果

义利之辨

"位卑言高"是不好的,但是至少相较于"位高而不知所云",后者的责任与可能的罪过,是远远大于前者的。其实只要一个社会每个人都能够扮演好自己的角色,不管位卑位高都能各言其言,如此一来,国家社会便能运作顺利。

关于"在什么位置,说什么话",有这样一个故事:春秋时期的齐景公得了肾炎,已经数十日卧床不起了。某天晚上,他突然梦见自己与两个太阳搏斗,结果败下阵来,惊醒后吓出一身冷汗。

第二天,晏子来拜见齐景公。齐景公将这个梦告诉晏子,并害怕地说道:"这是不是我要死了的先兆呢?"晏子想了想,就建议齐景公召一个占梦人进宫,听听他是如何解这个梦的。

而占梦人进宫后的回答是:"您所患的肾病属阴,而双日属阳,一阴当然难敌二阳,这个梦说明您的病很快就会好了。"齐景公听完,大喜过望。由于担心焦虑不再,加之合理用药和改善饮食,不出数日,果然病就好了。

为此,他决定重赏占梦人。可是占梦人却对齐景公说:"这不是我的功劳,是晏子教我这样说的。"齐景公又决定重赏晏子,而晏子则说:"我的话只有由占梦人来讲,才有效果;如果是我直接来说,大王一定不肯相信。所以,这件事应该是占梦人的功劳,而不能记在我的名下。"

宰相就是宰相,占梦人就是占梦人。什么角色说什么台词,一出戏才能完成。

不挟长,不挟贵

名句的诞生

孟子曰:"不挟¹长²,不挟贵³,不挟兄弟而友⁴;友也者,友其德⁵也,不可以有挟也。"

——万章章句下

完全读懂名句

1. 挟:倚仗。2. 长:年纪大。3. 贵:富贵。4. 友:动词,交朋友。5. 德:品德。

孟子说:"不倚仗自己年纪长,不倚仗自己的富贵地位,不倚仗兄弟的势力去交朋友。所谓交友,交的是品德,是不能有所倚仗的。"

义利之辨

名句的故事

　　孟子的学生万章向孟子请教:"如何交友?"孟子认为交朋友是不分贵贱、不分年龄大小的,友要友其德,而不是友其财、色、权、利、势。当时战国时代是竞逐于智谋的时代,每一位君主的周围都有大批的谋臣策士,对于其中出类拔萃而又颇具个性的士人,各国君主不仅以交友之道相待,甚至执弟子之礼,敬如师长。孟子举了一些实际的例子来说明不同阶级之间可能的交友形态。

　　孟献子(鲁国大夫仲孙蔑)是位拥有百辆车马的大夫,他有五个朋友:乐正裘、牧仲,其他三人孟子忘了名字。献子同这五个人交朋友时,并没有摆出自己是大夫的姿态;这五个人也是一样,不认为献子有什么突出的地方,只把他当做是一般朋友看待。

　　不仅拥有百辆车马的大夫是这样,就算是小国的君主也有这样的。费惠公就说:"我对于子思(子思是孔子之孙),把他尊为老师;我对于颜般,则是和他交朋友;至于王顺和长息,不过是侍奉我的人罢了。"

　　不仅小国的君主如此,大国的君主也有一样的作为和态度。喜欢音乐的晋平公贵为一国之君,与亥唐相处时,亥唐叫他进去就进去,叫他坐就坐,叫他吃就吃,即使是糙米饭蔬菜汤,晋平公也都尽兴吃饱。但是晋平公也就只是做到这一步而已。没有人和他一起治理政事，也没有人一起享受俸禄。这只是一般士人尊敬贤者的态度，而不是王公贵族对贤者的态度。

舜去见尧帝，尧帝把这位女婿安排住在官邸，并且请他吃饭，舜也会回请，两人轮流当主人，这是天子同平民百姓交朋友的范例。孟子说："地位低的尊敬地位高的，叫做尊敬贵人；地位高的尊敬地位低的人，叫做尊敬贤人。尊敬贵人和尊敬贤人，其中的道理是一样的。"

当时，不同阶级之间的人做朋友、互相往来的情况在战国社会解体的时代非常普遍，因此，孟子认为阶级高的人要与阶级低的人做朋友，必须放下姿态，把自己当成普通人；反之，阶级低的人要与阶级高的人做朋友，也必须不亢不卑，把对方当成普通人看待。交朋友交的是对方的心，而不是和对方的身份地位做朋友。

历久弥新说名句

古语云："以财交者，财尽则交绝；以色交者，华落而爱渝。"（《战国策》）虽说人与人之间的关系，无论爱情与友情都需要有纯洁的颜色，不可以掺杂金钱、地位等之类的杂质在内。但是金钱与权势还是常常渗透、污染人心。莎士比亚所写《雅典的泰门》，就是描写金钱如何侵蚀人性与友谊的故事。

雅典的大财主泰门是一个纯朴的人，他跟孟子一样抱持着人性本善的信念，因此只要有朋友开口跟他借钱，他都二话不说，鼎力相助，结果他对待朋友的热诚与善意，却吸引来更多想利用他的人。那些接受他的好处的王公贵族们没有一个人感谢他的帮助，反而反过头来讥笑他是一个大傻瓜。

有一天，善心的钱财终于流失殆尽，泰门破产了，于是他想起他以前鼎力相助的朋友们，他去向那些贵族求助，但人人都对他关上大门，让他孤独无助地徘徊在门外。泰门怒不可遏，没想到自己付出真心与金钱交的朋友，居然如此回报。

于是，他再度安排了一次宴会。邀请所有人来到家中，这次他只准备清水来款待这些人，并在宴会上痛斥他们的不仁不义。他的激烈做法并没有引起大家的反省，他们反而认为他这一次是真的"疯了"。

悲愤交加的泰门于是对人类彻底失望，躲进了森林中，不再与人群接触。结果他居然在森林里又意外发现了一堆金子，这个消息传到人们耳朵里，又燃起贪婪的欲望，纷纷跑到森林里来找他，想骗取那些金子。结果彻底绝望的泰门终于气得病倒，他最后埋葬于预先在海边筑好的坟墓里，墓石上刻着他自己写下的对人性之恶诅咒的碑文。

由此可见，人类情感与金钱之可怕，它可以污染人性之良善，破坏人与人之间的感情，莎士比亚写道："金钱可以使异教联盟，同宗分裂，窃贼得到高爵显位。"

人之所以异于禽兽者,几希

名句的诞生

孟子曰:"人之所以异¹于禽兽者几希²!庶民³去之,君子存之。舜明于庶物⁴,察⁵于人伦⁶,由仁义行,非行仁义也。"

——离娄章句下

完全读懂名句

1. 异:不同。2. 几希:少、一点点。3. 庶民:平民、百姓。4. 庶物:一般事物。5. 察:明辨、了解。6. 人伦:人类的伦常。

孟子说:"人和禽兽的差异就那么一点儿,一般的人抛弃它,君子却保存了它。舜明白一般事物的道理,明察人伦关系,因此仁义能够自然流露,而不只是执行仁义而已。"

义利之辨

名句的故事

人与动物的差别何在？孟子在两千多年前提出了这个问题。

孟子说，人与飞禽走兽的差别也就那么一点点，至于那一点点到底是什么，孟子并没有明讲。他给了个谜题："庶民去之，君子存之。"

一般人往往容易忽视这一点，只有品德高尚的人才注意保存和发展这一点。什么样品德高尚的人呢？孟子提到了舜帝。

他说舜帝："从一般事物的道理和人类的常情出发行仁义之道，而不是为行仁义而行仁义，把仁义当成一种形式。"（"明于庶物，察于人伦，由仁义行"）换言之，人与禽兽之差别的谜题的答案，应该就是舜帝所遵循的仁义。舜帝不是创造了仁义，而是顺着仁义行动。仁义是人与飞禽走兽的分水岭。

俗语说："人生在世，吃穿二字。"一般只求"饱食、暖衣、逸居而无教"，若不能说是真禽兽，也是近于禽兽。这里的"教"指的是仁义的教养、学习，缺乏仁义的教养学习，就等于把人类的灵魂扬弃了，剩下一个没有灵魂的躯壳，孟子认为是与飞禽走兽没有差异的，换言之，人与飞禽走兽的差别，孟子认为是在于有无仁义的灵魂。

事实上，孟子也会效法孔子周游列国，四处推销仁义治国。但是在孟子所处的战国时期，各个国家追求的是富国强兵之道，孟子去了齐国，齐宣王对他说："很抱歉，我的国家现在需要的是能够帮我打胜仗的人。"到了梁国,梁惠王也对孟子说:"要我实行仁政?这可不是我现在想要的。"四处碰壁的孟子虽一心认为仁义的高尚是无价之宝,奈何大家自甘堕落,因此孟子也只能拿飞禽走兽来比拟讽刺一番。

历久弥新说名句

孟子说:"由仁义行,非行仁义也。"这句话颇费解。明代有一个位官员叫王华。他六岁时,有一次在水塘边嬉戏,见一醉汉洗完脚离去,丢失一个提兜。王华打开一看,里面装有几十两银子,他估计那人酒醒后一定会来找,于是坐在水边守候,不一会,那人哭着找来,王华便将提兜还给了他。那人拿出一锭银子表示感谢,王华说:"那么多银子我都不要,要这一锭干嘛?"不知道王华这样算不算是"由仁义行",而醉汉是"行仁义"?

倘若做不到"由仁义行",又做不到"行仁义","买仁义"似乎也行得通(虽然孟亚圣很可能会不以为然)。《战国策》就曾记载这么一个"买仁义"的故事。战国时齐国的孟尝君好士,门下有食客数千人,其中有一个叫冯谖。冯谖就是那个很喜欢唱歌弹剑的人,有一天他唱道:"长铗归来乎,食无鱼、出无车、无以为家。"孟尝君是有求必应的人,他听到了歌声,就马上准备了鱼、车和派人去照顾冯谖的母亲。

有一天,孟尝君询问府里的宾客:"有谁熟悉算账理财,能够替我到薛地去收债?"冯谖举手说:"我能。"于是孟尝君派冯

义利之辨

谖去收债,辞行的时候,冯谖问道:"债款全部收齐,用它买些什么东西回来呢?"孟尝君回答说:"看我家里缺少什么东西,就买什么吧。"冯谖赶着马车到薛城,派出官吏召集那些应当还债的百姓都来核对借约。借约核对完了,冯谖假传孟尝君的命令,把借款赐给百姓,烧掉借约,百姓齐声欢呼万岁。

冯谖又马不停蹄地赶回齐国都城,一清早就要求进见孟尝君。孟尝君奇怪他回来这么快,便穿戴好衣帽接见他,问道:"债款全收齐了吗?怎么回来得这么快呀?"冯谖回答说:"收齐了。"孟尝君又问:"用它买了些什么回来呢?"冯谖说:"您说'家里缺什么就买什么',我考虑您府里已经堆满了珍宝,好狗好马挤满了牲口棚,堂下也站满了美女。您府里缺少的东西要算'义'了,因此我替您买了'义'。"孟尝君问:"买义怎么个买法?"冯谖说:"如今您只有一块小小薛地,却不能抚育爱护那里的百姓,反用商贾的手段向百姓取利息,我私自假传您的命令把借约烧了,百姓齐声欢呼万岁,这就是我给你给您买的'义'啊。"孟尝君听了并不高兴,但也无可奈何,就说:"那就买了罢!"

过了一年,齐泯王想要辞退孟尝君:"我不敢用先王的臣子作为自己的臣子。"孟尝君只好回到封邑薛城去住。走到离薛城还有一百里的地方,百姓扶老携幼,在大路上迎接孟尝君,整整一天。孟尝君回头对冯谖说:"先生替我买的义,今天真的看到了。"

这个"买仁义"的故事跟孟子的"由仁义行,非行仁义"的标准比起来,虽然层次低了一点,但是仍然让我们了解到何谓"仁义"的力量。

焉有君子而可以货取乎

名句的诞生

无处¹而馈²之,是货³之也。焉有君子而可以货取乎?

——公孙丑章句下

完全读懂名句

1. 无处:没有出处,引申为没有任何理由。2. 馈:赠予。3. 货取:用金钱收买。货,动词,收买、贿赂。

在没有任何理由的情况下馈赠他人金钱,就等于是一种收买、贿赂。而这世上没有一位君子是可以被金钱收买的。

名句的故事

孟子的弟子陈臻有回请教孟子:"老师啊,以前在齐国的时候,

义利之辨

齐王送给您一百镒金，您不接受；可是到宋国的时候，宋王送给您七十镒您却接受了；而到了薛地，薛君送给您五十镒，您也接受了。我就不明白了，如果老师您以前的不接受是正确的，那后来的接受便应该是错误的；可如果后来的接受是正确的，那么以前的不接受便该是错误的。无论怎么说，老师您总有一次是做错了吧？"

听到陈臻的问题后，孟子笑了笑，说："其实都是正确的。在宋国的时候，由于我准备远行，而对远行的人本应送些盘缠的，所以在宋王对我说：'这是给先生您当盘缠用的。'我怎好不接受呢？而在薛地的时候，我听说路上有危险，需要戒备。因此薛君说：'这是送给先生买兵器的钱。'我又怎能不接受呢？至于在齐国，则没有任何理由。在没有任何理由的情况下馈赠他人金钱，就等于是一种收买、贿赂。而这世上没有一位君子是可以被金钱收买的。"

在这个故事中，陈臻的推论看起来似乎很有道理，但实际上却陷入了"非此即彼"的"二分法"局限中。而孟子的回答虽听起来近似于"诡辩"，但却具有一定的"通变性"，也就是面对不同的情况，可以"因时制宜"地用不同的态度来因应。

在"通变"这点上，孔子与孟子二位老夫子是一脉相承的。因为在《论语·雍也》篇里，当公西华被孔子派去出使齐国时，冉有想替公西华多要一些安家口粮，但孔子却认为公西华做大使后，有的是钱财口粮，所以并没有多给他安家口粮。可是，当原思做孔子的总管而自己觉得俸禄太高时，孔子却劝他不要推辞，并认为那是他应得的。

历久弥新说名句

　　君子与小人最大的差别，就在于君子能恪守最基本的原则，并且绝不会因外力干扰而动摇。孟子"焉有君子而可以货取乎"之语，讲述的便是这个千古不变的道理。

　　其实自古至今，金钱对人的诱惑皆一直存在，否则也不会产生像"人为财死，鸟为食亡"、"衣食足而知荣辱"之类的话语。因此在面对诱惑时，"受与不受"、"辞与不辞"的问题便成为考验许多人的一道关卡。

　　人们常说"君子爱财，取之有道"，这便表示君子不见得一定要一穷二白，只是必须有所取、有所不取，因而此句话中所谓的"道"，指的也就是原则。只要能坚守最基本的原则，也就是孟子一直以来不断重申的"义"与"利"之间的那条界限，那么在面对"取与不取"、"仕与不仕"等问题上，都可以游刃有余。因为当心里已有一把正义之尺时，自会明白何时当受、何时当辞，不会有任何混淆。

　　有一副嘲弄湖北省黄梅某县令"贪而鄙"的对联，引用了孟子这句话以为上联："焉有君子而可；譬诸小人而犹。"它的下联则出自《论语·阳货》篇中："譬诸小人，其犹穿窬之盗也与？"意谓此官既可"货取"又专做"穿窬之盗"之事，令人在会心一笑之余，又跟着无奈地摇头。

　　总而言之，无论在为人处世上，我们都要把握住一定的分际，千万不要让人有"货取"自己的机会。

人有不为也，而后可以有为

名句的诞生

孟子曰："人有不为[1]也，而后可以有为[2]。"

——离娄章句下

完全读懂名句

1. 有不为：有所不做的事情，这里指一些琐碎的小事。
2. 有为：意即有所作为，就是伟大的行为。

孟子说："一个人如果能舍弃一些微不足道的事情，就有机会做出一番大事业。"

名句的故事

有不为、有所为，讲的就是"取舍"之道。事实上，"有所为"可能是比较容易做到的事情,"有所不为"可就很难做到了。尤其是利益当头的时候,面对人性贪婪的一面,多少人能够做出正确的抉择呢?

因此,有不为、有所为,讲的也是"节操"之道,特别是人在穷途末路的时候,都会感到备受考验。因此,并不是舍弃一些小事,就一定能够成就大事,还必须有坚强的操守与意志力。孟子便说:"有为者,辟若掘井,掘井九仞,而不及泉,犹为弃井也。"一个有为的人就好像在挖掘井水一样,已经挖到七呎丈这么深,但是还没有看到井水的源头便放弃了,这口井仍然是一个无用的井呀。俗语说,成功往往属于坚持到最后的人,就是这个意思。

历久弥新说名句

陈寿祺,字恭甫,号左海,清朝福建闽县人,历官翰林院编修,曾经写了一篇文章勉励书院的学生。他认为,读书人要效法古人,首先注重礼义廉耻、敦厚谦让,接着他举例说明:"孟子曰:'人有不为而后可以有为。'除其不蠲,保其良贵,则光大高明。"(《皇朝经世文续编》卷四)读书人要学孟子讲的,有所不为后,方能够有所作为,先除去自己不良的习性,保持自己良善高贵的部分,则做人即可光明正大。陈寿祺引用孟子之言,是从"节操"的观点着手,以砥砺学子修身养性,成就大事业。

姚莹是清代著名思想家,曾于嘉庆末年和道光初年担任台湾县令，在鸦片战争中可说是"抗英保台"的大功臣。姚莹在用人方面有这样的见解："夫有雄材绝智，抱济时之具者，此其人类斤斤于言行称誉之间矣。有不为乃可以有为，释其小乃可以见大。"（《皇朝经世文续编》卷十五）具有雄才大略、经世治国的人，通常在说话举止、毁誉之间，格外谨慎小心；这种人可以做到有所为、有所不为，对于小事不特别在意，因而得以见到大局。

苏武代表汉朝出使匈奴时，察觉他的副使已经与匈奴暗通款曲，苏武无论如何也不肯投降匈奴，因此一刀就要割颈自刎，却受到单于的阻止。单于为了迫使苏武就范，故意让他无法吃喝。没想到刚好天降大雪，苏武就吃毛毯充饥，喝雪水止渴，逼得单于把苏武放逐到北海。单于并且告诉他，当公羊生出小羊时，他就可以回汉朝了。就这样苏武在北海牧羊了19年后，才被接回大汉帝国。他为维护国家尊严，实践"人有不为也，而后可以有为"的气节，堪称是外交使节的表率。

其实，做人做事本来就是当"有所为、有所不为"，或者是说"有能为、有不能为"。毕竟想做的事情有可能超乎自己的能力，也有可能自己做得到的事情，却不是真正应该去做的。无论如何，我们都应该"量力而为"，从众人的利益出发，做真正应该做的事情。

仁也者,人也

名句的诞生

孟子曰:"仁也者,人也[1]。合而言之,道也[2]。"

——尽心章句下

完全读懂名句

1. 仁也者,仁也:根据朱熹的解释,仁就是人之所以为人的道理。2. 合而言之,道也:仁是道理,人是形体,两者合起来,以人行仁,就是所谓的道。

孟子说:"所谓的仁,就是人之所为人的道理,人与仁合起来,就是所谓的道。"

名句的故事

许多人认为,"仁"概念乃是由孔子所发明,实际上不然,在周朝初年时，便已经有了关于"仁"概念的记载，例如《诗经》中有"洵美且仁"与"其人美且仁"的文字，但发扬光大的仁则非孔子莫属，在《论语》这部书里，一共有105次讲到仁。

孟子也不止讲过一次"仁也者，人也"，其实，在唐钞本《论语》中"仁"、"人"常常互用，原本意义便相通。同样在《尽心》篇里，他曾经更清楚阐释过，"仁也者，仁也。义也者，宜也。礼者也，履也。智也者，知也。知也者，实也。合而言之者，道也。"也就是说，仁义礼智不过都是道的外在表现，真正的内涵还是道。

也不单孟子如此说，《中庸》里也有"仁者，人也"的说法，而儒家的中心思想就是"仁道"，而仁所关注的对象，包括了天下所有的人，也就是关注着天下所有人的共同利益，而且仁也不仅仅是讲一个人的道德修养而已，其道理更可推而广之到治国的道理，孟子因此将其上纲至"仁者无敌"的层次。

历久弥新说名句

孟子这段话，将仁解释为做人的道理，说明人生的道理不在远处，而在近处，就在人们的日常生活与一举一动中，人们不必"舍近求远"。

所以，儒家主张知识分子从自身到他人到世界的修为阶段为"修身、齐家、治国、平天下"，唯有先修身之后才能齐家，齐家之后才能治国、平天下，佛家也有类似的说法，天国可能就在当下，也说菩萨并不一定只在西方极乐世界，可能就是自己的父母。

佛教徒有些人感受不到佛、菩萨，感觉可能跟《圣经》中的约伯相同，"我往前行，他不在那里；往后退，也不能见他。他在左边行事，我却不能看见；在右边隐藏，我也不能见他。"

其实不然，因为，证严法师便说过，"父母心就是菩萨心"，因此到处都可见菩萨，"子女一旦有病痛，苦在子身，痛在父母心；然而，父母生病了，孩子们若不来探望，纵使老人家觉得很孤单，也会体谅子女为生活而辛苦。""父母是孩子的模范，自己对父母的态度，就是下一代对自己的态度。为善要及时，孝顺不能等。"

王者之道

率兽而食人也

名句的诞生

庖¹有肥肉,厩²有肥马,民有饥色,野有饿莩。此率兽而食人也!兽相食,且人恶之³;为民父母⁴行政,不免于率兽而食人,恶⁵在其为民父母也?

——梁惠王章句上

完全读懂名句

1. 庖:厨房。2. 厩:马栏、马房。3. 且人恶之:倒装句,应为"人且恶之"。且,尚且。4. 父母:儒家通常把统治百姓的君主或官吏称为"民之父母"。5. 恶:疑问副词,何、怎么。

厨房里存有肥嫩的肉,马房里养有健壮的马,可是老百姓却个个面带饥色,甚至城外还躺着饿死的尸体,这样的情况就等于在上位者率领野兽来吃百姓啊!野兽自相残杀,人们尚且会厌恶这种行为，而作为老百姓的父母官，所施行的措施却导致如同带领野兽来残害百姓的后果，这样的人，怎有资格做老百姓的父母官呢？

名句的故事

最早之时，孟子都是苦口婆心、旁征博引地用各种方式来劝诫梁惠王，希望梁惠王能听进并采纳自己的意见，以仁道治天下。而在经过多次的会面及相互讨论之后，梁惠王终于有些醒悟，不再保持原本高高在上的傲慢态度，而是主动向孟子请益。

"庖有肥肉，厩有肥马，民有饥色，野有饿莩，此率兽而食人也"之语，便是孟子在得到梁惠王释出的善意后，以鲜明的比喻、生动的形象，毫不保留地讲述出自己的看法，言明真正好的上位者及执政者什么事该做、什么事不该做。

在孟子的观点中，让百姓能安居乐业、衣食无缺是在上位者的基本职责，若是上位者自己过着锦衣玉食的生活，可是却让百姓们挨饿受冻、暴尸街头，这种行为，就如同是直接率领野兽来吃人一般的恶劣、不可取。

孟子一向擅长使用最简单的比喻、最浅显的文字来阐述自己的观点，这里也不例外。并且，这回他还提出了一个千古课题，也就是身为人民"父母官"所该具备的操守。由古至今，无论是"人治"社会还是"法治"社会，都会面临相同的难题，也就是如何才能让所谓的"父母官"能有"人饥己饥、人溺己溺"的胸怀。

若孔子在世,面对学生对他提出这种问题,恐怕又会再一次发出"大哉问"的感叹了。

历久弥新说名句

自孟子发出"庖有肥肉,厩有肥马,民有饥色,野有饿莩"的感慨后,尽管后世不常直接引用原文,但与孟子原意类似的名句却相当多,而其中最有名的便是杜甫《自京赴奉先咏怀五百字》诗中的"朱门酒肉臭,路有冻死骨"。

几个简单的字词,却可以如此深刻地将中国古代社会中统治阶级的狂欢奢靡、自私淡漠以及平民百姓艰难困苦表达得淋漓尽致,并且触目惊心。为文者的目的自然是为了让后世的统治者及为官者有所借鉴,不要重蹈覆辙、陷百姓于水火之中,具有极其重要的历史及社会意义。

正由于孟子将这类只顾个人享受、没有爱民之心的君主形容成"率兽食人"的始作俑者,给予严厉的批判,因此到了后世,"率兽食人"也成为一个成语,专指害民的虐政。

然而,经过了时间的洗礼,"食人"的已不仅仅是虐政,孔、孟所提倡的"仁义道德"也成为鲁迅先生口中的"吃人"礼教。在鲁迅先生的短篇小说《狂人日记》中,便以相当惊心动魄的笔法讲述一则关于"礼教吃人"的故事:"凡事总须研究,才会明白。古来时常吃人,我也还记得,可是不甚清楚。我翻开历史一查,这历史没有年代,歪歪斜斜地每页上都写着'仁义道德'几个字。我横竖睡不着,仔细看了半夜,才从字缝里看出字来,满本都写着两个字是'吃人'!"

  不过必须理清的是,鲁迅先生在这里批判的并非是"仁义道德"本身,而是唾弃那些僵化的礼教,以及因僵化礼教产生的弊病对人性的桎梏与斯伤。

养生丧死无憾,王道之始也

名句的诞生

不违农时,谷不可胜食也[1];数罟[2]不入洿池[3],鱼鳖不可胜食也;斧斤以时入山林,材木不可胜用也;谷与鱼鳖不可胜食,材木不可胜用,是使民养生丧死无憾也。养生丧死无憾,王道之始也。

——梁惠王章句上

完全读懂名句

1. 胜:尽、全部、完全。2. 数罟:编织细密的网,用来捕取小鱼。古时规定,网罟必须用四寸之目,如果网上来的鱼不足一尺,街市不可以卖,人们也不能食用。3. 洿:窊下之地,水所聚集的地方,现指水池。

不在农忙的时候多方调用、劳动百姓,粮食就吃不完;不让过于细密的鱼网进入水中，鱼鳖就吃不完。斧头按照一定的季节才允许进入山林，柴木就用不完。粮食与鱼鳖吃不完、薪柴用不完，这样就可以使老百姓供养活着的人、丧葬死去的人时心无遗憾。让百姓可以无后顾之忧地供养活人、丧葬死人，便是王道得以行使的开端。

名句的故事

"养生丧死无憾，王道之始"，依然是孟子在对梁惠王讲述上位者该如何治理天下时的一个论述，但要注意的是，这一句话中有一个相当重要的关键词，那就是"王道"二字。

所谓的"王道"，便是以仁义治天下的政治思想，也是孟子思想中最为重要的主轴。孟子认为，只有用仁义治天下，四方百姓才能对上位者心悦诚服。而"王道"之始，则是令百姓在养生送死之事上无后顾之忧。自然，孟子的这个"仁"是承袭孔子的"仁"而来，但在具体的施行条例上则阐述得更为明晰。

在孟子的理想中，每家农家有百亩的田、五亩的宅，宅边种着桑树，家中养着鸡、狗、猪等家畜，吃得饱，穿得暖，50岁以上的有丝织品穿，70岁以上的有肉吃，就是遇到灾荒，也可以避免死亡。如果在上位者能做到这一点，也就可以行"王道"了。

显而易见，"王道"一词是与"霸道"相对的，而孔子与孟子之所以会提出"王道"之说，自然是由于看到当时许多在上位者使用"霸权"来统治社会，看到了"霸道"对百姓的戕害，在忧心之余提出的相抗衡之说。春秋战国时期，群雄的争霸使得百姓民不聊生，为了让百姓能安居乐业、脱离战争的阴影，因此儒家学者们尽其所能地用以"仁"为主体的"王道"学说来劝诫上位者，希望上位者能以百姓的福祉为依归，乐百姓之乐、哀百姓之哀。

尽管孟子所提出的"王道"已具有当今"民本思想"的雏形，但在本质上仍有一定的差异，不过在那个年代，能具有如此先进的思想已属不易。

历久弥新说名句

"王道"二字，最早在《书经·洪范》中便曾出现："无偏无党，王道荡荡。"南朝梁·刘勰《文心雕龙·史传》中也曾提及："昔者夫子闵王道之缺，伤斯文之坠，静居以叹凤，临衢而泣麟。"在古籍之中，"王道"多被当做政治思想的终极目标，也就是在上位者治理天下的一个准则。但到了今天，"王道"虽然还保留原来的意义，但却也拥有另一个完全不同的阐释。

比如说我们经常可以看到在正式或非正式的场合，人们将"王道"引申为"最恰如其分者"、"最名实相副者"、"最适当之行为"等意。例如"某某音乐才是摇滚乐的王道"、"某某人才是侦探小说的王道"、"节约才是王道"、"推陈出新才是王道"、"明媚春光之际，出去走走才是王道"之类的句子。

在上述例子中所提的"王道"，虽然和最早与政治思想相关的"王道"二字有不同的解释,但却体现出一种生动、活泼的文字趣味,并且也从侧面说明了,同一个字词在不同年代、不同的社会环境中,会因需要或是约定俗成,而发生令人意想不到的转变。

但下回,在使用"王道"二字时,大家至少还是得知道"王道"的正解,以及它的最早来由及出处。

以五十步笑百步

名句的诞生

填然¹鼓²之,兵刃既接³,弃甲曳⁴兵而走。或百步而后止,或五十步而后止。以五十步笑百步,则何如?

——梁惠王章句上

完全读懂名句

1. 填然:填塞、充满,形容鼓声盛大。2. 鼓:此处作动词用,谓击鼓进军。3. 接:接触。4. 曳:拖着、拽着。

战场上击战鼓要求进攻,可才与敌军接触,士兵们就纷纷扔掉铠甲、拖着武器仓惶失措地开始逃跑,有的人跑了百步后停了下来,有的人则跑了五十步就停下来。若这时,跑五十步的笑话跑百步的,算是怎么样的一个情形呢?

名句的故事

"五十步笑百步"这个极为知名的典故,其实最早始自孟子,缘自于孟子所讲述的一则寓言故事。借由这则故事,孟子劝诫好战的梁惠王在治国时应以仁义为本,并懂得休养生息之道,而不是动不动就调动百姓四处征战。

当其时,梁惠王一直自认自己在治理国家时,已经尽了他的最大努力。因为一当河内发生饥荒,他便立即将老百姓转移到河东,并且还把河东的粮食运到河内;在河东发生灾荒时,也是同样这么做。只是这么做之后,梁惠王却发现邻国的老百姓一点也不见减少,而他自己的老百姓也没见增多,对此,他不禁心生疑惑,求教于孟子。

而孟子在解答这个问题时,巧妙地利用了梁惠王好战的个性,特意以战争来作为比喻,表明人们看事物应当看到事物的本质与全局,不能只看表面和局部,就像故事中跑五十步者没有跑百步者逃得远,但却同样都是畏战而逃。

事实上,孟子不仅借着这则故事为梁惠王解惑,并且也暗讽好战的梁惠王一把。因为虽然邻国的国君们不管灾荒年间老百姓的生活,邻国百姓们却一个也没有投奔至梁惠王处,而这全因梁惠王自己也经常调动百姓去打仗,致使民不聊生,与其他国君相较起来,同样是不爱护百姓的国君,没有什么本质上的差异。

历久弥新说名句

自孟子"五十步笑百步"的寓言故事一出,历朝历代人们多用为讽喻他人甚或自省的箴言,例如南朝梁·释僧祐的《弘明集·何承天答宗居士书》中,便直接套用了这个名句:"岂独爱欲未除,宿缘是畏,唯见其有,岂复是过,以此嗤齐侯,犹五十步笑百步耳。"借此来砥砺自己不要与他人犯相同的过错。

其实,"五十步笑百步"与闽南俗谚中的"龟笑鳖无尾"有异曲同工之妙,都是用来讽刺只看得到别人所犯错误却对自己所犯错误视而不见的人。在英语之中也有个类似的谚语:"pot calling the kettle black"(锅嫌壶黑),也是相同的意思。

在现今社会中,这两句话的使用频率相当高,在报章杂志中,我们经常可以看到"五十步笑百步:你凭什么骂某某某?"或是像"七连胜二连败皇马立正,五十步笑百步巴萨稍息"之类的标题;而在私底下聊天时,也常常可以听到"五十步笑百步"、"龟笑鳖无尾"之类的字眼频频出现。

但如老一辈的人常说:"当你用一根手指指着别人时,有四根手指指着自己!"所以赶紧想想看自己是否犯过"五十步笑百步"的错误,若有,当然是要立刻"知错必改"。

劳心者治人，劳力者治于人

名句的诞生

孟子曰："劳心者治人，劳力者治于人[1]；治于人者食人[2]，治人者食于人[3]；天下之通义也。"

——滕文公章句上

完全读懂名句

1. 治于人：被人管理。2. 食人：音 sì，拿食物给别人吃，供养他人。3. 食于人：被他人供养衣食。

孟子说："用心思做事的人管理别人，用力气做事的被人管理；被人治理的人负责供养他人食物，管理者则是被他人供养食物，这是天下共通的道理呀！"

王者之道

名句的故事

滕文公当上滕国的君王之后，果真很受到孟子的鼓励，实行仁政。楚国热衷神农之学的许行，以及宋国儒者陈良的学生陈相，和他的弟弟陈辛，先后都慕名移居到滕国，他们都想要做圣人的百姓。陈相后来认识了许行，对于许行以农立国的主张非常佩服，后来拜访孟子时，便推崇许行的言论。陈相说："滕文公虽然是贤君，但还不是圣人，真正的圣人要和百姓一起耕作、一面早晚烧饭，一面治理国事。"

孟子听了之后反问陈相一连串问题：许行衣服的布是自己织的吗？他戴的帽子的布是自己织的吗？他用的锅子、铁器都是自己做的吗？陈相告诉孟子，许行都是用他自己耕种的粮食去换来布、锅子跟铁器。孟子便提醒他，既然许行也只是用粮食去换取其他生活必需品，为什么君王要一面耕种一面治理国家政务呢？

孟子接着就用社会分工的理论告诉陈相："劳心者治人，劳力者治于人；治于人者食人，治人者食于人。"一个人身上所需要的各种物品，是需要靠不同技能的人，才有办法备齐；因此，天下的事情原本就是有区隔的，在上位者的任务是处理政事，在下位者的任务可能是耕种，也可能是制作器具。

因此，儒家是把社会大略地区隔为劳心者与劳力者，使大家知其所司、务其所职，造就一个和谐的社会秩序。

历久弥新说名句

唐宋八大家之一的韩愈，是一个擅用语言的文学健将，他在《圬者王承福传》中，把孟子的话改了一个字，变成"用力者使于人，用心者使人"，两者意思相通。用力气工作的人听从别人的指挥而工作，耗费的是体力；用头脑去工作的人是要指挥别人如何工作，必须具备一定的智慧，耗费的是脑力。在儒家的社会秩序中，劳心者与劳力者是相辅相成的。

在中国的皇帝百官制度中，皇帝是最大的"劳心者"，之下有朝廷百官、布及县乡里的官吏，这些人都是具备"治理别人"的条件。秦朝李斯曾经说过："百姓当家则力农工。"（《史记·秦始皇本纪第六》），百姓就是"劳力者"，在社会分工中是被"劳心者"统治管理，"劳力者"也是经济上的提供者。

有一个故事可以跟大家分享。当年美国总统林肯就职的时候，有位记者访问林肯的母亲，是否为当总统的儿子骄傲。这位母亲回答说，她同样为另一个正在农场工作的儿子感到骄傲；事实上，美国每年4月22日是"带孩子上班日"，让所有父母培养孩子们对于职业的兴趣。中国长期对于"劳心者"与"劳力者"的区隔，在现代社会讲求专业技术的潮流下，令人深有启悟。

以大事小者,乐天者也

名句的诞生

惟仁者为能以大事小,是故汤事葛[1],文王事昆夷[2];惟智者为能以小事大,故大王事獯鬻[3],勾践事吴[4]。以大事小者,乐天者也;以小事大者,畏天者也。乐天者保天下,畏天者保其国。

——梁惠王章句下

完全读懂名句

1. 汤事葛:汤,商汤,商国国君;葛,葛伯,葛国国君。葛国是商紧近的小国,故城在今河南省宁陵北十五里处。2. 文王事昆夷:文王,周文王;昆夷,也作"混夷",周朝初年的西戎国名。3. 大王事獯鬻:大王,周文王的祖父,即古公亶父。獯鬻又称"猃狁",当时北方的少数民族。4. 勾践:春秋时越国国君;吴:指春秋时吴国国君夫差。

只有具备仁德者才能够以大国的身份侍奉小国，就像商汤侍奉葛国，周文王侍奉昆夷。只有具备智慧者才能够以小国的身份侍奉大国，就像周大王侍奉獯鬻，越王勾践侍奉吴王夫差。以大国身份侍奉小国的，是乐知天命的人；以小国身份侍奉大国的，是敬畏天命的人。乐知天命的人得能安天下，敬畏天命的人只能保己国。

名句的故事

在多次与孟子讨论治国安天下的基本纲要后，齐宣王这回提出了一个重要的外交问题，"交邻国有道乎"，也就是问孟子如何才能与邻国和睦相处。

齐宣王所处的战国时代，当国与国之间发生问题与嫌隙时，几乎都是用"战争"手段来解决。身处战火氛围中的齐宣王虽然同意孟子的以"仁"为本的政策可以处理内政问题，但终究还是不免怀疑这套"仁政"是否能解决两国争端的棘手问题。

身经百战的孟子在面对齐宣王的提问之后，自然有他的一套解决之道，而这个办法便是以史为鉴，举出商汤、周文王以及勾践的例子，来印证自己的说法：大国要仁，要以仁德之心对待小国，千万不要用军国和霸权主义来解决问题，因为虽然可能一时奏效，但却不是长远之计。小国要智，要懂得自身的弱项所在，不要螳臂当车、固步自封，如此一来才能和大国和平相处，也才能让国家长治久安。

王者之道

除此之外，孟子还提出了"天命"大问题。孔子曾说过："五十知天命。"此处的"天命"与孟子所提及的"天命"大致意义相同，也就是明白天道运行的道理，因此圣人们不执著、不强求，以顺应天命为立身处世之道。

正由于商汤、文王等君主们皆知天命，皆拥有"大仁大勇"的智慧，因此不会以自身的利益为出发点，而忽视最根本的道理。据此，孟子才会说出只要大国的国君们以行"天命"为乐，愿意顺应"上天有好生之德"的真谛，而小国的国君们能敬畏"天命"，愿意服从大小之别、强弱之分，不硬与大国为敌，自然全天下的百姓都不会陷于战争的水深火热之中，所有的国家都能保持稳定。

孟子在这里所阐述的"天命"说虽看起来有些深奥，甚或形而上，但他指出的几个关于大国与小国间该如何和平共处的说法，在今天仍具有一定的参考价值。

历久弥新说名句

当我们在提及孟子所说的"乐天"与"畏天"之时，首先必须明白的是，这里所说的"天"并不是意指单纯的"上天"、"老天爷"，而是指"天人合一"思想中的"天"，简单来说就是指"天道"、"天命"。因而"乐天"应是指顺应自然之理，安于处境，乐观而不忧伤，而非是指讨老天爷欢心之意；"畏天"则是因"敬畏天理"所以"不逆天道"，并不是害怕老天爷降灾之意。

其实最早"乐天"这个词语出自《易经·系辞上》:"乐天知命故不忧。"并且之后的文人们也多延用"乐天"之说,例如唐代陈子昂的《无端帖》中的:"道既不行,复不能知命乐天,又不能深隐于山薮,乃亦时出于人间。"而唐代著名诗人白居易,则更是将"乐天"作为其字。到了现代,我们还将抱持乐观态度、认为凡事均有完善结果的人称为"乐天派"。

而"畏天"之说,也被后世多所采用,例如《后汉书·卷十七·冯异传》:"彼皆畏天知命,睹存亡之符,见废兴之事,故能成功于一时,垂业于万世也。"以及《晋书·卷一·宣帝纪》:"权之称臣,天人之意也。虞、夏、殷、周不以谦让者,畏天知命也。"

不过有趣的是,孟子所提出这种儒家式的"乐天"、"畏天"之说,却在今天被一些教徒"转嫁"作为"孟子信神"的证明,他们将"天"解释为"神",将"乐天"解作"使神喜悦",将"畏天"解作"神发怒降罚"或"不庇护"的意思。

其实,孟子究竟信不信"神"我们无从得知,但一样的字词可以因解译者的不同而产生不同的意涵,确实是让人对中国文字的"可变通性"与"多解释性"刮目相看。

虽有智慧,不如乘势

名句的诞生

齐人有言[1]曰:"虽有智慧,不如乘势;虽有镃基[2],不如待时。"今时则易然也:夏后、殷、周之盛,地[3]未有过千里者也,而齐有其也矣;鸡鸣狗吠[4]相闻,而达乎四境,而齐有其民矣。地不改辟[5]矣,民不改聚矣,行仁政而王,莫之能御[6]也。

——公孙丑章句上

完全读懂名句

1. 齐人有言:齐国民间有句流传的谚语。2. 镃基:田器、农具,相当于今天的锄头之类。3. 地:指天子直接统治的地方。4. 鸡鸣狗吠相闻:意指人口繁密。5. 改辟:改,变更;辟,扩展。6. 御:阻挡、阻止。

齐国人流传着一句谚语:"即使有智慧,不如趁势而起;即使有好农具，耕种也要趁农时。"而现在的时势，就相当有利于用王道来统一天下：夏、商、周三代兴盛之时，也没有哪一国的国土有超过方圆千里，但现在的齐国却超过了；四境之内鸡鸣狗叫声处处可闻，表示齐国的人口已相当繁多。国土不需要另行开辟，百姓不需要重新凝聚，这时如果施行仁政来统一天下，没有任何人能够阻挡。

名句的故事

孟子有一个弟子名唤公孙丑，齐国人。有一回，公孙丑问孟子："要是先生您在齐国为官，那么能做到像管仲、晏婴曾做过的功绩吗？"

孟子听了公孙丑的话后，先是开玩笑似地说到："你果然是个齐国人啊，就知道管仲与晏婴，不知有其他人了。"而后，孟子举了曾参的孙子曾西的一个例子，表示连曾西都不愿与得到国君百般信赖、辅政时间那样长却功业那样小的管仲相比较，自己自然也不愿与之相提并论。

这时公孙丑又问孟子："难道使自己辅佐的君王称霸天下的管仲，以及使自己的君王显名于众诸侯的晏婴都不值得先生您仿效吗？"孟子对此的回答则是："齐国早拥有称霸天下的力量，只是时间的早晚问题，任何人辅政都是一样的。"

作为"王道"的推崇者，孟子不屑与主"霸道"的管仲、晏婴相比，自然有他的道理存在。而从随后孟子举出周文王行"仁政"却无法一统天下,商纣王行暴政却许久之后才被推翻,从这些例子不难看出,孟子的言下之意是,任何事都有个天时、地利、人和的问题。管仲能成就功业,是因齐国早具备成就霸业的条件,而文王终其一生未能一统天下、纣王迟迟才被推翻,也全是因为"万事俱备,只欠东风"。

所谓的"乘势、待时",其实讲究的便是"鸭子滑水"那水面下的功夫,表达的则是一种"事半功倍"的思想。人们不常说"赶得早不如赶得巧,算得精不如运气好",强调的便是在做好准备之时,善待时机以及捕捉时机的重要性。

历久弥新说名句

孟子所说的"乘势待时"其实就是要人懂得等待机会,并且把握机会。古今中外持此看法的人并不少见,例如《韩非子·八说》中便提及:"以智士之计,处乘势之资,而为其私急,则君必欺焉。"《文选·锺会·檄蜀文》中也说:"今边境又清,方内无事,蓄力待时,并兵一向。"而著名的科学家、诺贝尔化学奖得主居里夫人更是坦白地说道:"弱者坐待良机,强者制造时机。"

由这些例子中不难看出,众家学者的言下之意都是要人抓住时机、主动出击,但我们必须注意的一点是,其实在捉紧时机出击前还有一个必要的前提,那就是要同时具备足够的智慧,以及足够的积淀,因为就像那句西洋谚语一样,"If you prepare yourself, you will be able to grasp opportunity for broader experience when it appears."机会永远是留给准备好的人。

人们常说"时势造英雄",并认为在动荡的年代中特别容易出现英雄,这话虽然有一定的道理,但其实这并非绝对。因为若不好好充实自己,而仅以投机的心态去面对,机会有时反而也会变得不再是机会。只有正确地分析各种情况,捉准时机、做出判断,才有可能得到事半功倍的效果。

任何人都想"事半功倍",但有时投机取巧并没有办法达到"事半功倍"的目的,甚至还会造成反效果,对于这种例子,我们一定要引以为鉴。

欲为君,尽君道;欲为臣,尽臣道

名句的诞生

孟子曰:"规矩,方圆之至[1]也;圣人,人伦之至也。欲为君,尽君道;欲为臣,尽臣道,二者皆法[2]尧、舜而已矣。"

——离娄章句上

完全读懂名句

1. 至:极、甚。2. 法:效法。

孟子说:"圆规和尺,是圆形和方形的最完美表现;圣人,是人伦的最完美典范。要成为君王,应该善尽君王的道理;要为人臣子,就要善尽人臣的道理;这两种为君为臣的道理,都是效法尧舜罢了。"

名句的故事

孟子在这句名言中,强调对君臣制度的实践,这个制度系指尧舜流传下来的典范,简言之,也是公天下时期的君臣之道。君道与臣道的重要性,我们可以透过《易经》的记载来了解。《易经·系辞》记载,君道为"阳"、小人之道为"阴",阴阳之数就是君臣之辨,如果占卜时,得到相反的卦象,就是违反君道,会招致灾祸。

违反君道会招致灾祸,这在先秦儒家思想中是很重要的一环,因此孔孟对于君道、臣道之各司其职、各尽其守的道理,向来很坚持。因此古代所谓的"天子教育",目的就是要教道皇帝如何去"尽君道",而历朝的选举制度、宰相制度、监察制度、史官制度等,这些制度的目的即是规范人臣如何去"尽臣道"。

所以,本章说的是君臣之道,进而言之,就是立国的政治制度。孟子以尧、舜的行为作为勉励政治人物的标准,正是希望君臣们都能回复到尧舜时代"无私无我"的理想。

历久弥新说名句

话说金废帝海陵王其为人足智多谋、善巧诈、多猜忌,荒淫且残忍。他之所以成为皇帝,乃是因为他"欲为君则弑其君",弑杀金熙宗后篡位。登基之后他不仅没有"尽君道",而且"欲夺人之妻则使之杀其夫",让妇姑姊妹都成为他的后宫嫔妃。因此史官评鉴说,天下最为无道的君主就是海陵王(《金史·海陵王本纪》)。

《慎子》相传是战国时期赵国人氏慎到所写,为法家的作品之一,其中有一《民杂》篇讨论为君之道、为臣之道。作者说:"大君者,太上也,兼畜下者也。下之所能不同,而皆上之用也。"做一个人君对于臣子的选择,不要设限,当尽量去发现每位臣子的专长,并有效地运用,方得以"臣事事而君无事"、"臣尽智力以善其事",每一位臣子能善用他们的智慧、尽心治事,君王就不需多费心。慎到的意思是,君王要具备识人与用人的能力,人臣则当有自己的政治所长,以为君王、国家所用。慎到还强调,君王的智慧不需要是最优秀的,因为如果太聪明,反而容易将所有的事情揽到自己身上,臣子反而无用武之地,这就变成君臣易位了。

我们来看三国时代的君臣互动关系。刘备收服益州后,打算听从赵云的建议,协助益州百姓恢复正常生活,因此请诸葛亮拟定治国条例。其间,法正对于诸葛亮拟的刑法有点意见,认为诸葛亮的刑法太严,建议应该采取汉高祖的怀柔作风。

孔明立刻回答,汉高祖宽仁是因为秦始皇用法太过,万民皆怨;而过去刘璋在益州时"德政不举,威刑不肃",君臣之道逐渐丧失,因此现在必须"威之以法",用法律建立国家的威严,人民方知国家恩惠;"限之以爵",有授予官位的标准,被封官者才会感到荣耀;如此方能"恩荣并济,上下有节",国家秩序得以建立。

　　法正听后非常佩服，刘备则依据孔明的规划，让益州逐步迈向安定繁荣，作为他定夺天下的基础（《三国演义》第六十五回）。刘备就是善用赵云、法正、诸葛亮等臣子的长处，所以有三分天下之势。

仁者无敌

名句的诞生

彼¹夺其民时²,使不得耕耨³以养其父母。父母冻饿,兄弟妻子离散,彼陷溺其民⁴,王往而征⁵之,夫谁与王敌?故曰:"仁者无敌。"王请勿疑!

——梁惠王章句上

完全读懂名句

1. 彼:指他国,这里指秦国及楚国。2. 民时:正常农耕的时间。3. 耕耨:耕,耕种;耨,除去田中杂草。4. 陷溺其民:将百姓陷害、沉溺于水深火热之中。5. 征:讨伐。

因为秦国、楚国的执政者剥夺了国内百姓的生产时间,使他们不能够安心耕种来赡养父母,造成父母挨饿受冻、兄弟妻子各自离散的现状。由于他们已使老百姓陷入水深火热之中,因此大王若此时去征伐他们，还有谁会来和您抵抗呢？所以说："施行仁政的人是无敌于天下的。"大王请不要犹疑，放手去做吧！

名句的故事

梁惠王即位之后，不仅东方败于齐国、大儿子战死沙场，并且西面又被秦国夺去七百里土地、南面受辱于楚国……对此种种，梁惠王并非无动于衷。

也因此，在经与孟子的几次详谈之后，梁惠王终于不再对孟子心存芥蒂，而愿意开诚布公，将心中的憾事告诉孟子，毫不隐瞒地向他表达出自己想为死在战场上的将士报仇雪恨的念头。

既然梁惠王已坦诚，孟子自然也是倾囊相授，再度提出自己一向不遗余力鼓吹的"仁政"主张，并且更为细致地将其分为"内政"及"文化教育"两个层次来谈。

在内政方面，孟子提出三项实际可行的政策：一是减轻刑罚，二是降低赋税，三是让百姓能无后顾之忧地致力于农事，保证人民得到最基本的温饱。而在文化教育方面，则强调儒家一贯主张的"孝"、"悌"、"忠"、"信"；如此一来，不仅能让社会稳定，并且当国家遇到危难之时，所有人才会义无反顾地同心一致、保卫家国。

自然，孟子在提出这些政策之时，也不忘举出他国"倒行逆施"的例子来作为戒谏，具体地分析敌国的致命弱点，明白点出敌国国君因施行暴政而导致百姓民心涣散、人民向往"仁君"的心理,以此作为梁惠王的"定心丸",引出"仁者无敌"的真谛。

孟子如此有理有据、掷地有声的论点,就是今天听起来,也是相当地具有说服力,引人深思。

历久弥新说名句

所谓的"仁者",在中国古籍中通常用来形容有仁德之人。在孟子以前,孔子便曾按人格的境界,将人分为智者、勇者和仁者三类,并且在多处提及这三类人的人格特质,例如《论语·宪问》篇中所言,"仁者必有勇,勇者不必有仁","仁者不忧、知者不惑、勇者不惧",以及"仁者乐山、知者乐水"。

至于"无敌"二字,运用的范围就更为广泛了,它意指不可对抗、不可比拟。像《三国演义》第五回中形容吕布时,便是如此描述:"英勇无敌,可会十八路诸侯,共议良策。"

自从孟子说出"仁者无敌"后,已成为一种文人用来自勉或者对人格高尚之人的赞颂。不过要注意的是,"无敌"不是指实质上的战无不胜、攻无不克,而是形容一种精神状态,一种无人可拟、无人能及的壮阔胸怀。就像是曾获诺贝尔和平奖而现已辞世的泰瑞莎修女,人们便常以"仁者无敌"来称颂她对全人类一视同仁的无私之爱。

除了"仁者无敌"之外,后世也借用这个句子的句型,结合孔子提出的三类人格特质,衍生出"智者无畏"、"勇者无惧"的类似说法。

现在,你可以试着思考一下,是否有什么样的人,在你的心目中完全符合"仁者无敌"、"智者无畏"、"勇者无惧"的标准。若有,不妨动笔将他们的事迹记录下来,并将此作为砥砺自己向上的动力。

为政不难,不得罪于巨室

名句的诞生

孟子曰:"为政不难,不得罪¹于巨室²。巨室之所慕³,一国慕之;一国之所慕,天下慕之;故沛然⁴德教溢乎四海。"

——离娄章句上

完全读懂名句

1. 得罪:触怒、冒犯。2. 巨室:有声誉的世家望族。3. 慕:心悦诚服之意。4. 沛然:恩泽宽广深厚的样子。

孟子说:"治理国家政务并不难,只要不触怒国家中有声誉的世家望族就是了。因为这些有声誉的世家望族所心悦诚服的对象,就会被这个国家的所有人臣服;这个国家所臣服的对象,也会为天下人所臣服;因此君主深厚的德教就会普及天下了。"

名句的故事

我们熟知孟子的政治理念不外乎民贵君轻的民本思想，会说出"为政不难，不得罪于巨室"，实在是有其历史背景。春秋时代是代西周而起的历史时段，在这个时段中，周室天子仍旧是存在的，也为春秋各国的公室诸侯所尊重，特别是齐桓公的"尊王攘夷"，让王室与贵族之间大体还维持着封建制度的君臣关系。

由于封建制度趋于式微，周王室已经不再为人所尊重，各国的公室诸侯也面临其国内氏族（巨室）的威胁，例如鲁国公室屡遭孟孙氏、叔孙氏、季孙氏等三家大夫的威胁与僭越，齐国公室更发生田氏取而代之的惨剧，历史从此进入战国时代。封建时期所遗留下的阶级制度，早已不堪回首，各国主政者如果想要政令通达、有效地处理国家政务，对于这些"巨室"多多少少都要使出拉拢、妥协的手段。

因此孟子说"为政不难，不得罪于巨室"，只要这些有声誉的世家望族能够臣服于一国之君，自然也会起风行草偃的作用，如此一来，国君的恩泽就可以遍及天下百姓了。有趣的是，战国时代的君主更聪明地开始提拔一些巨室之外的"谋略之士"，以巩固自己的统治势力，间接降低巨室的政治影响力。

历久弥新说名句

网络上有一篇名为《郭明义点传师慈悲开示》的文章讨论到这句名言。这位作者认为，"为政不难，不得罪于巨室"的"巨室"，不应该是指所谓的大家族、大企业，而他也认为孟子所讲的"巨室"，并非指有权势财富的家族。郭先生认为，孟子所讲的巨室是指曾子、子思等这些道德之士，当时的君臣皆会去求教这些大德者，所以为政要尊重这些有德的家族。

《金史》记载有一位名叫宗端脩的人，好学、重名节，官虽至监察御史，但是仕途并不顺遂，他认为正直之道不显于世，因此更加自重自爱。一天，游彦哲向他请教为政之道，他回答："为政不难，治气养心而已。""心正则不私，气平则不暴。为政之术，尽于此矣。"从政为官不难，就是要能修养脾气与端正心性，心如果端正就不会偏私，气如果平顺则不会暴戾（《金史·宗端脩列传》）。

有一句名言叫做"为政不在多言"，从政者最重要的还是要脚踏实地做事，不要"光说不练"，满嘴空话，到最后什么都没做；尤其"言出如箭，不可乱发，一入人耳，无法拔去"，射出去的箭是收不回来的，说出去的话也是一样，只要有一个人听到，就如同中箭一样，是无法否认的。当前我们常常会看到许多政治脱口秀，不就是"乱箭齐发"吗？

仰而思之,夜以继日

名句的诞生

孟子曰:"禹[1]恶[2]旨酒[3],而好善言。汤[4]执中[5],立贤无方[6]。文王[7]视民如伤[8],望道而未之见。武王[9]不泄迩[10],不忘远。周公[11]思兼三王,以施四事;其有不合者,仰而思之,夜以继日[12];幸而得之,坐以待旦[13]。"

——离娄章句下

完全读懂名句

1. 禹:人名。夏代开国之君。相传因治水有功,得舜让位,立国为夏。亦称为"大禹"、"夏禹"。2. 恶:讨厌,厌恶。3. 旨酒:美酒。4. 汤:人名。商朝的开国君主。亦称为"商汤"、"成汤"。5. 执中:执,抱持;中,中庸,不偏不倚。6. 立贤无方:无方,无定类、无一定方向。立贤无方,推举贤人不拘一格。7. 文王:帝号。指周文王。8. 视民如伤:看待人民如同对

王者之道

待伤患,唯恐有所惊扰。形容在上位者对人民爱护之深。9. 武王:帝号。姓姬名发,文王之子。讨伐商纣而有天下。10. 泄迩:泄,狎;迩,近。11. 周公:人名。姓姬名旦,周文王的儿子,武王的弟弟。12. 夜以继日:表示夜晚接着白天,一直不歇息。13. 待旦:等待天明。

孟子说:"禹讨厌美酒而喜欢善言。汤掌握住中正的原则,选拔贤人没有一成不变的常规。文王看待百姓,如同他们受了伤一样的怜爱,望见了'道'却像没有看见一样,还是不断追求。武王不轻慢近臣,不遗忘远臣。周公想要兼有三代圣王的功业,实践上述四种美德;要是有不合时宜的,就仰首思索,从夜晚到白天片刻不休息;幸而想通了,就坐等天亮好立即实行。"

名句的故事

商鞅在跟秦孝公讲述帝道、王道时,秦孝公哈欠连连,一副索然无味的样子,并觉得商鞅是平庸之辈。等到商鞅搬出"霸道"之说时,秦孝公立刻眼睛为之一亮,听得津津有味、彻夜不眠。这不仅只是秦孝公的个人特质,而是战国时期大部分君主的共同倾向。

在这样一个背景下让孟子非常想念大禹、商汤、文王、武王还有周公这几位前代君主。他怀念大禹讨厌美酒的禁欲生活,想念商汤喜欢结交各式各样的朋友、贤人,还有文王把自己的人民当成小孩一样的呵护关爱。武王的重感情,不会忽略身旁的人,也不会忘记远方的臣子。还有周公的认真学习,常常从夜晚到白天、无时无刻不在想如何使自己更完美。

这样的君主是孟子梦想遇到的,但是事与愿违,他出生得太晚了。他遇到的君主是,如齐宣王需要力能胜战的志士,或者是魏惠王需要能报仇雪恨的武将,帮他从战场扳回失去的胜利。孟子处处碰壁、不受欢迎,也更让他想象、怀念前代君主的美好。

历久弥新说名句

孟子称赞大禹是一位不喜欢美酒、喜欢善言的英明贤良的君主。英明的可不只有大禹,连大禹的儿子都子承父业,深受人民的想念与爱戴。

有一次,诸侯中的"有扈氏"因故起兵叛变,于是大禹便派他的儿子伯启去制服他。两方大军在"甘"这个地方打了起来,伯启的部队大败而逃。跟在伯启身边的将领们要求伯启略事整顿后再行出兵还击。"不用再战了!"伯启摆摆手说。将领们都觉得奇怪,伯启为什么说不用再战了呢?

伯启回答:"有扈氏扰乱老百姓的生活,我才奉命来围剿他。大家想一想,我的地盘不比他小,率领的部队也是最精良的,结果我却不能完成任务。这是什么原因呢?"伯启停了一下,继续说:"因为我还有需要改进的地方,譬如我没有以身作则带领属下,管教部属的方法也不如他。所以,如果我要让老百姓恢复安居乐业的生活,我必须先纠正自己的错误。"

此后,伯启认真要求自己,与一般的兵士一同作息,天还未亮,就起来操练,生活变得朴实,并选用有品德和才能的人来商讨国家大事。有扈氏从其他诸侯那里知道了伯启的改变,不但不敢举兵来犯,反而带兵前来归顺了。真是所谓:"君有道,士不远千里而来。"君要有道,很少有不"反求诸己"而能成功的。孟子举出的每一位圣人典范,都是能够做到"严以待己"在先。

任何想闯出一番大事业的人,很少有对自己太放纵而获得成功的。西晋人祖逖每天早上听到鸡叫立即起来练剑的故事,大家或许不陌生。但是大家可能不知道睡在祖逖隔壁床一个名叫刘琨的,每天晚上甚至是拿刀剑当枕头的。他在给家人的信中写道:"在国家危难时刻,我经常枕戈待旦(枕着兵器睡觉一直到天明),立志杀敌驱虏,常常担心祖逖会先我一步拿起马鞭攻打敌人!"(《晋书·祖逖传》)。当时的晋朝内忧外患、风雨飘摇,这两个年轻人,不仅互相激励,每天心中只想如何锻炼自己,以拯救国家。结果两人果真是衰弱不堪的晋国当中少数能在前线立下战功的人。想成功吗?先训练自己有这种"枕戈待旦"、"卧薪尝胆"的精神吧!

以若所为，求若所欲，
犹缘木而求鱼也

名句的诞生

曰："……欲辟¹土地，朝秦楚²，莅³中国而抚四夷也。以若所为，求若所欲，犹缘木而求鱼也。"

曰："若是其甚与？"

曰："殆⁴有甚焉。缘木求鱼，虽不得鱼，无后灾。以若所为，求若所欲，尽心力而为之，后必有灾。"

——梁惠王章句上

完全读懂名句

1. 辟：开辟、扩大。2. 朝：使……来朝之意，朝秦楚意指接受秦楚两国来朝。3. 莅：临、至。4. 殆：副词，多用来表示不肯定之意，比如说大概、几乎、可能等。

孟子说:"……您希望能够扩张国土,使秦、楚这些大国都来朝贡您,让自己可以君临中国,并且安抚四方落后的民族。不过,以您现在的做法,想实现您的愿望,就好像爬到树上去捉鱼一样。"

宣王说:"有这么严重吗?"

孟子说:"恐怕比我说的还要严重。因为爬上树去捉鱼,虽然捉不到鱼,可也不会有什么后患。但以您现在的做法,若想实现您的愿望,并且还如此费心力地去施行,以后一定会产生祸患的。"

名句的故事

世人皆知孟子善辩,兼之口才一流,因此,面对着一心一意鼓吹以"王道"取代"霸道"来一统天下的孟子,齐宣王心中纵使仍有以"霸道"来取得天下的念头与野心,但在面对孟子的层层进逼,也只能采取迂回策略,笑而不答。

聪明如孟子,自然洞悉齐宣王心中的想法,毕竟在当时,几乎所有的君王都是如此,否则孟子也不必如此苦口婆心地四处宣扬"仁道"。但能说服、感化一个君王便是好事,因此孟子集中火力,采用了"设套"式的"欲擒故纵"法,先问了几个无关紧要的问题,比如问齐宣王贪图不贪图感官享受、是否与诸侯结怨心里才会快活等问题,来诱使齐宣王回答,然后在齐宣王回答"否"之时,将话锋一转道入正题,明白无误地指出既然齐宣王最在乎且追求的事是一统天下，那么若以行使"霸道"之法来为之，根本就等于是"缘木求鱼"，也就是爬到树上去捉鱼，绝对的方法错误。

至此，齐宣王自然不免为自己辩解一番，认为自己不会做出"缘木求鱼"如此荒唐的错误举动，并且也表明孟子之语过于危言耸听。

齐宣王的答案当然早在孟子的预料之中，因此孟子便打蛇随棍上，马上滔滔不绝地开始分析为何以"霸道"来一统天下的方式不仅是"缘木求鱼"，并且严重程度绝对超乎齐宣王的想象：因为爬到树上捉鱼了不起捉不到鱼，可是若坚持行使"霸道"，则无法统一天下不说，还极有可能危及自身。

而陷入被动状态的齐宣王，在这种时候，自然只能乖乖地听从孟子的"循循善诱"，老老实实地上一堂只有施行"仁政"才能真正一统天下的"王道"课程了。

历久弥新说名句

孟子与齐宣王这一段对话中，最精彩和最深刻之处莫过于"缘木求鱼"这个比喻。它不仅给了齐宣王一个当头棒喝，并且还成了后世千百年来大家经常引用的成语。

"缘木求鱼"亦作"求鱼缘木"，本意是比喻用错方法，徒劳无功。后世许多文章中都沿用了这个精彩绝伦的譬喻，例如《汉书·卷十一·刘玄传》："今以所重加非其人，望其毗益万分，兴化致理，譬犹缘木求鱼，升山采珠。"以及《孤本元明杂剧·卓文君·第三折》："盼功名如守株待兔，要求进若缘木求鱼。"大体来说，与它意涵相类似的成语还有"刻舟求剑"、"升山采珠"。

到了现代，人们依然大量地使用这个成语，特别是在报章杂志的标题之中："画饼充饥与缘木求鱼——看台湾的就业药方"、"政策推动切莫缘木求鱼"等。而无独有偶，外国也有与中国"缘木求鱼"相同意思的俗谚："get water from a flint"（由打火石中取水）。

但有趣的是，在这个五花八门的世界中，"缘木求鱼"之事还真能存在。在柬埔寨的洞里萨湖区，有不少被水淹没的湖畔树林，而在这些树林里，有一些老树身上有树洞，因此有时鱼儿便会躲到树洞里去，而当湖水退下之时，一些藏身于被水淹没的树洞中的鱼儿来不及随水退走，人们便真可以在树上抓到鱼呢！

不过这当然只是一个特例，我们可不能因为这个有趣的特例而否定了"缘木求鱼"的真实寓意。

故为政者，
每人而悦之，日亦不足矣

名句的诞生

孟子曰："君子¹平²其政，行辟人³可也。焉得人人而济⁴之？故为政者，每人而悦之，日亦不足矣。"

——离娄章句下

完全读懂名句

1. 君子：这里指在位的官员。2. 平：使安定、协调。3. 辟人：辟同避，避开、驱散之意，避人就是驱散或回避路上的行人。4. 济：过河、渡河。

孟子说："在上位的人只要把政事治理好，出门即使需要驱散路人以为回避，都是可以的。哪里有时间帮助老百姓一个一个地渡河呢？如果执政的人要去讨好每个人的欢心，那日子真的是太不够用了。"

名句的故事

　　子产是春秋时代郑国的贵族大夫，博洽多闻，长于治术，使得郑国虽然夹在晋、楚两国的争霸中，尚能获得他国的敬畏。子产在担任相国的时候，曾经用自己的驾车，帮助老百姓渡过溱水和洧水。对于子产的做法，孟子批评他"惠而不知为政"，只知施予小恩小惠，并不懂得为政的要领。

　　孟子认为，对执政的人而言，看到百姓无法渡过河水，应该是赶快去修桥，这样百姓就不用担心怎么渡河了。做官的人只要认真把国家事务处理好，即使出门必须鸣锣开道都无妨，国家政事都做不完了，怎么还有时间帮一个个百姓渡河呢？因为根本的问题是，没有桥可以让百姓过河，当务之即就应该是造桥，而不是用自己的马车载人家过河，这样能够载多久呢？所以孟子批评子产不懂为政的要领。

　　诸葛亮说："治世以大德，不以小惠。"（《三国志》裴注）就是孟子在本文中所要表达的意思。执政者握有权力是要服务天下所有的百姓，创造恒久的社会福利，小恩小惠只能在短暂的时间内让受惠者高兴，时间一久，便会露出马脚了。

历久弥新说名句

政治是众人之事，偶用小恩小惠只能换得暂时的美誉，如果存在的问题没有获得解决，众人的挞伐也是毫不留情的。

陆昌勤发表了一篇文章《走出"关心下属"的误区》。作者说管理者"只有关心下属，赢得下属的忠诚，才能真正建立自己的影响力"。这个道理似乎人人都懂，但是真正在做的时候，却常常会出现偏差，作者即认为"把关心下属等同于小恩小惠，这一现象在中层管理者中相当普遍"。然而小恩小惠只会累积下属更多的要求，一旦无法满足时，很快就会有反弹，更何况"小恩小惠往往是以牺牲组织整体利益为代价的"。所以说，与其花很多心思去做一些讨好他人欢心的工作，不如从工作的过程中，建立出属下对自己的信赖，这样才是长久之计。

现在社会很流行办信用卡、现金卡、金融卡、会员卡或订杂志等都可以兑换一赠品、小礼物；甚至填写问卷、电话访谈、参观展览，都有小礼物可以拿；看电视节目当然也有奖品。这其实反映出我们社会贪小便宜的现象越来越严重，业者当然也是看准这种心理，常常有大放送的豪举，只是这样的小恩小惠能让业绩成长多少呢？只要银行的服务不够周全、杂志的内容不符需求、电视节目没有可看性，群众迟早还是会流失的。

君仁,莫不仁

名句的诞生

孟子曰:"君仁,莫不仁;君义,莫不义;君正,莫不正;一正君¹而国定矣。"

——离娄章句上

完全读懂名句

1. 正君:行使正道的君主。

孟子说:"君主心存仁爱,臣民就没有不存仁爱之心;君主执守义理,臣民就没有不执守义理;君主行事端正,臣民就没有人不行事端正。有一个行正道的君主,国家也就安定了。"

名句的故事

儒家理论非常重视人际关系的和谐,对于可能发生的人际冲突,例如君臣之间、父子夫妇之间、国与国之间等,都有一套调和的系统。正道、仁、义等三个元素,常常出现在孔孟的学说当中,而这些人际关系的实际运作,套用一个字,就是"礼"。"礼"也就是"理",是我们生活中言行举止的道理,适用于家庭伦理、社会伦理,甚至是君臣伦理。

这样的伦理关系是一种相对的演绎,例如孟子说:"君之视臣如手足,则臣视君如腹心;君之视臣如犬马,则臣视君如国人;君之视臣如土芥,则臣视君如雠仇。"(《孟子·离娄下》)君主把臣下看做手足,臣下就会把君主看做腹心;君主把臣下看做狗马,臣下就会把君主看做一般人;君主把臣下看做泥土草芥,臣下就会把君主看做仇敌。换言之,儒家是把道德行为转化到政治行为。

所以,只要君主能够率先示范、率先执行,人臣子民没有不会跟着学习仿效,可见君主不仅是管理者,还是教育者。而到了荀子时,国君的地位更加有权威,他说:"居如大神,动如天帝。"(《荀子·正论篇》)这可能与他的"人性本恶",人的行为都有需要被导正的见解有关。荀子的想法比孟子更激烈,可能受到战国时代上下交相利风气的影响,而孟子则是运用各种相对的论调,来调和当世所发生的问题。

历久弥新说名句

历代为了培养出能够行仁、行义、行正道的国君,从这个储

王者之道

君一生下来的褓母,便开始审慎选择,更遑论严谨的天子教育制度。天子教育的目的在于提高君主的素养,锻炼其治国的技术,否则日后就无法掌管繁杂的国政。就如同孟子常强调,要注重环绕在君王身边的人的品质,因此天子的老师、伴读等,都有其严选管道,这样方能保证教育出一个贤君圣主。

吴兢《贞观政要》第一章《君道》记载唐太宗告诉魏征:"若安天下,必须先正其身,未有身正而影曲,上治而下乱者。"唐太宗所持的观点与孟子相同,认为做一个君主必须先要求自己,身体如果端正、影子就不可能歪曲,只要人君端正行事,臣下也就不会行走旁门左道了。当然,唐太宗的这番话受到魏征很大的嘉许。

曾德雄先生写了一篇《"虐囚"及其他》,从讨论美国士兵虐待伊拉克囚犯的事情谈起,到人性、人权,至于政治制度的反省。作者认为,"如果说民主是一种'最不坏'的制度",那么"最好的制度莫过于儒家的'仁政'"。曾先生指出,儒家的仁政就是"全心全意为人民服务",是一种"'君仁莫不仁,君义莫不义',上下齐心合德"的世界。这位作者显然对儒家政治有深切的期望,如果孔子、孟子看到他写的这篇文章,定会深受感动的。

仁则荣,不仁则辱

名句的诞生

仁则荣,不仁则辱;今恶辱而居不仁,是犹恶湿而居下也。如恶之,莫如贵德而尊士,贤者在位,能者在职;国家闲暇[1],及是时,明其政刑。虽大国,必畏之矣。

——公孙丑章句上

完全读懂名句

1. 闲暇:指国家安定无内忧外患。

行"仁德"者可为自己带来安富尊荣,不行"仁德"者最终一定会招致屈辱。现在的人既厌恶耻辱却又居于不仁的境地,就好像是既厌恶潮湿却又居于低洼的地方一样。假如真的厌恶耻辱,那就应该以仁德为贵,尊敬读书人,使有贤德的人居于高位,使有才能的人担任适当的职务。此外,更应趁国家无内忧外患的时候修明政治法律制度,如此一来,即便是大国也会敬畏你。

名句的故事

孟子在提及"仁则荣,不仁则辱"时,本意是想强调为政的上位者应该要居安思危,防患于未然,如此一来,国家才能够免除内忧外患而长治久安。

若用《尚书·太甲》上所言:"天作孽,犹可违,自作孽,不可活",来解释"仁则荣,不仁则辱"的道理,则更能让人了解到一个人的作为将会导致的后果。毕竟一人的所言所行终将决定结果的好与坏,并且也是最直接的原因,所谓的"外因",永远大不过"内因"的破坏力量。而其实,"仁则荣,不仁则辱"这句话之中还存在着一种微妙的因果关系:不想受到屈辱,便要以仁德之心待人,而若能以仁德之心待人,至少不会得到屈辱,并且就算没有刻意寻求外在的尊荣,尊荣也会自然到来。

"行仁得仁,行不仁得不仁"是万古不变的道理,在儒家流派之中有太多的圣哲都不断地重申着这个真理,但至今,又有多少人能明了其中的真正意涵呢?

历久弥新说名句

由于时代的因素,孟子在提及"仁"时,多半是与政治相连,意在劝诫在上位者施行"仁"政,与孔子谈"仁"时讲究个人修养,也就是将"仁"视为"立身处世"的根本有别。虽然二位先哲的出发点看似有些差异,但其实对"仁"的要求仍是一致的,而对"不仁"者的指责也是不遗余力。

老子也曾经提及过"不仁"二字:"天地不仁,以万物为刍狗。圣人不仁,以百姓为刍狗。"(天地不情感用事,运作时,对万物的运作没有分别心,圣人不情感用事,对百姓一视同仁,亦无分别之心)由于解读的问题,许多人常认为老子所说的"圣人不仁"是具有指摘之意的,但其实不然。在老子的观念中,天地之于万物、圣人之于百姓,都没有一成不变的爱,而是会顺应着事物的发展变化,在该爱时则爱,不该爱时则不爱。因此,天地、圣人对事物"时过而弃",表面上是不仁,实际上是"至仁","天地不仁"是万物平等的思想,"圣人不仁"则是人人平等的思想。

而随着时代的演变,人们已不再将"仁"与"不仁"只当成在上位者所必须遵循,或者解释为老子所提的"平等思想",而是将此视为一个具有普遍性也就是可以概括所有人行为准则的一个根本道理。正因为此,所以后世有许多与"不仁"相关的成语,例如"麻木不仁"、"为富不仁"、"残暴不仁"、"刚愎不仁"……不可胜数。

以德服人者,中心悦而诚服也

名句的诞生

以力假¹仁者霸,霸必有大国。以德行仁者王,王不待²大,汤以七十里,文王以百里。以力服人者,非心服也,力不赡³也;以德服人者,中心悦而诚服也,如七十子之服孔子也。

——公孙丑章句上

完全读懂名句

1. 假:借、凭借。2. 待:等待,此处引申为依靠之意。3. 赡:充足。

假借"仁义"却使用武力的人虽然可以称霸于世,但此时的称霸者必然要具备相当强盛的国力;遵循道德来推行仁义的人也可以使天下归服,但此时使天下归服的却不一定必须具备强大国力,就像商汤的属地只有方圆七十里,周文王只有方圆一百里,却依然王天下。用武力征服别人,别人并不是真心服从他,只不过因为是力量不足而不得不屈服罢了;使用道德使人归服,则归服者是真正的心悦诚服,就像七十个弟子归服孔子那样。

名句的故事

在这一段文字之中,孟子不仅说明了"王道"与"霸道"的区别,也好好地阐述了一番自己反对"霸道"、宣扬"王道"的思想。

无独有偶,孟子的这番言论与孔子在《论语·子路》和《论语·季氏》中所论述的重点一样,都是讲求"以德服人"而不是"以力服人"。因为"以德服人"可以使人真正的"心悦诚服",而"以力服人"得到的只是短暂的屈服,一当再无法以力量令人服从之时,人心必然向背。

可以这么说,孔孟一脉相承、采用的是"攻心为上"、"以柔克刚"的政治方针,也就是所谓的"行仁政以使天下自然归服"。而"以德服人"则是孔孟"仁政"思想的核心,也是圣哲们认为贤德君主想"王天下"的不二法门。

孟子已经不只一次地提到了"王道"与"霸道"的区别及利弊,但当其时所有在上位者却依然我行我素,就算极受孟子"青睐"、曾经随侍在侧并且时时耳提面命的梁惠王与齐宣王,都是当场看似受教,但一转过身去便继续"见小利忘大义",确实让人扼腕。但却也在同时,更让人佩服孟子的百折不挠,以及为"忧天下百姓之忧"的仁者胸怀。

但就像外国谚语中所说一样:"是钻石总会发光。"虽然孟子的忠言在任何时候听起来都有些逆耳,但真理终究不会遭埋没,因此千年之后,我们依然可以看到孟子鼓吹"仁政"时意气风发以及那些暴虐君主终究没有王天下的事实。

历久弥新说名句

自孟子"以德服人"之说面世后,距离孟子时代不远的诸葛孔明便亲身相试,并且也得到"心悦诚服"的结果,诸葛亮"七擒孟获"的故事,正可以说是孟子此一说法的成功范例。现在,在成都武侯祠仍留有一副的对联:"能攻心则反侧自肖,从古知兵非好战",其实表达的正是"以德服人"的思想。

西方有句俗谚:"Force can never destroy right."(暴力绝不能摧毁正义)其实讲述的也就是"以力服人"永远不能战胜正义,更无法取得人心之意。古今中外都有太多"以力服人"最终失败的真实历史事件,正共同印证了这个道理。

在现今,"以德服人"与"心悦诚服"这两个词语已经成为人们经常使用的两个成语,并且广泛地运用在各行各业之中,"以德服人、以智取胜"这类的话语多如牛毛,在电影《新方世玉》中,"以德服人"这句话更成为了其中由陈松勇所扮演的大老粗"雷老虎"的口头禅,因而造成不少"笑"果;但由此正也可看出"以德服人"一词是多么地深入人心。

其实无论年长、年幼，无论能力是高是低，每个人都应该将"以德服人"作为人生修养的座右铭，并且在他人取得成功之时，真诚地表达出"心悦诚服"之意，因为"诚服"并不是"臣服"，反而是一种胸怀的表现。

徒善不足以为政，徒法不能以自行

名句的诞生

孟子曰："今有仁心仁闻，而民不被其泽[1]，不可法于后世者，不行先王之道[2]也。故曰：徒[3]善不足以为政，徒法不能以自行。"

——离娄章句上

完全读懂名句

1. 被其泽：感受到他的恩泽。2. 先王之道：就是指仁政。3. 徒：仅。

孟子说："现在有具备仁爱之心或有仁爱名声的君王，百姓却感受不到他的恩泽，也无法成为后世效法的对象，是因为没有实施先王之道的缘故呀。所以说：只有仁心是不足以治理国家，只有治术也无法推行仁政。"

名句的故事

　　孟子以为，一个名垂千古、足以为后世传诵、效法的政治，必须结合仁心与仁术，缺一不可。他举出，离娄的眼力很好、公输子的手艺很好，但是如果没有搭配圆规、直尺，也无法画出圆形与正方形。意思是说，一个人本身具备很好的才华，必须要透过一个妥善的界面，才能够将这个才干发挥出来，达到有效益的目的。

　　因此，孟子强调想要施行仁政者，"仁心"与"治术"皆不可偏废，这个"人"的条件相对地重要起来。又诚如荀子所说："有治人，无治法。"（《荀子·君道》）就是批评战国时代的纵横家们忽略了贤德之人的重要性，一味讲权势、权力的展现，这样就难以得到天下人的信服。然而，荀子得其一也失其一，如果一个国家"无治法"，国家纲纪定会荡然无存，即使有贤德之人，都不见得会出现好的治绩。可见人与法是互相影响的。

　　《礼记·中庸》："其人存，则其政举；其人亡，则其政息。"可见施政者的重要性，有正确的人在位，方能够主导出正确的施政方向。当然"徒善不足以为政，徒法不能以自行"，掌握治国的君王也必须是一个通权达变之人，斟酌损益，不拘泥于人情，也不拘泥于法理，才能对国家机制运筹帷幄。

历久弥新说名句

黄宗羲在《明夷待访录》说:"论者谓有治人无治法,吾以为有治法而后有治人。"这句话是针对当时明朝专制体制,特别是宦官或东厂锦衣卫这样的角色,他们把持朝政,造成许多贤达之士无法施展抱负。宦官、外戚或特别为扩张皇权所设置的机构,都是因为国家体制不善所造成的,这会限制法治所能展现的裁量权。一旦政治失去裁量权,反倒成为以"人治"为主,容易造成国家体制的混乱。因此黄宗羲认为,要先有治法,有良好的国家运作制度,才会出现真正可以治理国家的人。

余建文先生在《人权、民主与法治》一文中,讨论到法家与儒家的治术。他认为法家的法制可以让君王成为全国唯一"自由的个人",人民只是单纯的被统治者;而儒家却强烈认识到"徒善不足以为政,徒法不能以自行",因此重视将刑法落实到人的精神层面,落实的界面就是透过道德,执行的方法是透过礼乐。余先生更说,可惜儒家无法进一步"建立人民参与的、以道德精神为本的民主立法机制"。想必这就是儒家最大的缺失与问题,目的与理想都规划好了,执行的方法与解决现困的方法却很欠缺,所以法家就后来居上了。

南华大学《网络社会学通讯期刊》有一篇蔡舒帆同学写的《网络世界的秩序与规范》,探讨无国界的网络世界,如何实施网络规范以避免网络犯罪、维持网络世界的秩序。蔡同学以为

"'徒善不足以为政，徒法不能以自行'，网民基本的网上礼仪、网络规范的遵守等资讯素养的具备，如何成为一个有荣誉心的网民"，这些都是建构网络世界秩序规范时，都必须要考虑到的因素。其实像现在网络上盛行的拍卖活动，常常出现卖者诈骗的问题，还有商品品质保证或商品退货的问题，如何建立一个有效的规范，过滤这些网络展示商品必需的条件，就是网络秩序建立的一个很好的课题。

修身养性

养心莫善于寡欲

名句的诞生

孟子曰:"养心莫善于寡欲[1]。其为人也寡欲,虽有不存[2]焉者寡矣;其为人也多欲,虽有存焉者寡已。"

——尽心章句下

完全读懂名句

1. 寡欲:寡,少。欲,欲望。寡欲即是欲望不多。2. 不存:不存在,指一个人的本心已经不存在。

孟子说:"想要培养心性,没有比减少欲望更好的方法了。欲望很少的人,失去本心的也很少;欲望很多的人,保有本心的也不多。"

名句的故事

孟子主张"养心莫善于寡欲",东汉儒者赵歧则将这段话的意义,从内心的修炼导向了善恶果报,强调"善有善报、恶有恶报",也就是"善于寡欲者,多有善报,多欲者多有恶报"。

赵歧认为,孟子所说的"养",就是"治",即"培养"、"经营"的意思,"欲"指的是利益与欲望,当然也有欲望很少但却遭遇不幸的人,但那多半是遭遇天灾事故,例如是在山中遇到饿虎。也有贪得无厌却依然活得好好的人,但那多半是有祖先留下来的德业庇佑,不过这种人并不多。

孟子认为欲望很多的人,"很少"能够保持住本心,然而朱熹解释此章,却将其推至极端,认为欲望很多的人,"必定"会失去本心。朱熹的说法是,欲望指的是口鼻耳目与四肢的欲望,虽然每个人必定有这些欲望,但是如果太过耽溺欲望没有节制的话,一定会失去原来的本心,应当深以为戒。

根据近代学者杨亮功与宋天正的看法,孟子此处所谓的本心,乃是"操则存,舍则亡",即不断地锻炼才能保存,如果舍弃就会消亡,一个人嗜好与欲望很多,那么便容易被外物所引诱;嗜好与欲望不多的人,内心才能够不被外物所迷失。

孟子"寡欲"的主张,杨亮功与宋天正指出,乃与强调"清心寡欲"的道家义理相通,例如《庄子·大宗师》中的"其耆欲深,其天机浅",同样说一个人欲望太重,必定迷失辨别事务的能力，又例如《老子》中的"见素抱朴，少私寡欲"，同样主张过着朴素的生活，减少不必要的欲望。

历久弥新说名句

孔子称赞弟子颜渊能够做到"贫居陋巷，箪食瓢饮，却不改其乐"，孟子也强调"养心莫善于寡欲"，足见"安贫乐道"一直是儒家的一贯思想。讲究道德修养的东方儒家如此主张，强调快乐至上的希腊哲学家伊壁鸠鲁也有同样的说法，"如果要使一个人快乐，别增添他的财富，只要减少他的愿望"。

与"养心莫善于寡欲"相反的名词，莫过于"欲壑难填"，即形容一个人的欲望像深沟一样，难以满足。被称为历史上"第一大贪官"的和珅，当是"欲壑难填"的代表性人物；他原本是清代乾隆皇帝的宠臣，但嘉庆皇帝对他相当不满，登基后立刻宣布和珅的 20 条大罪，将他逮捕入狱，并赐他自尽，将其家产充公。

据流传民间的抄家清单记载和坤的家产，共有田地 8000 多顷，当铺 75 家，银楼 42 家，古玩铺 13 家，花园楼台 106 座。还有大量的金银珠宝、衣饰、器皿等，整个家产折合白银约有 8 亿两之多。当时清朝每年的税收不过 7000 万两而已，和珅的家产就相当于朝廷十多年的总收入，令人咋舌。所以，当时民间流传着"和珅跌倒，嘉庆吃饱"的谚语。

几乎所有宗教都要求信众"清心寡欲"，尤其是强调"修身戒欲"的佛教。佛教中有许多警惕信徒不可耽溺欲望的词句,例如"财色名食睡,地狱五条根";"财色名食睡"指的是人们最重要的五种欲望,如果人们对这五种欲望贪得无厌,那么便是堕入地狱的五个根本因素。所以我们平日动心起念,日常生活的行住坐卧,都要非常谨慎,才不会造恶。

枉己者,未能直人者也

名句的诞生

孟子曰:"御者且羞[1]与射者比[2];比而得禽兽,虽若丘陵[3],弗为也。如枉道[4]而从彼,何也?且子过[5]矣:枉己者[6],未有能直[7]人者也。"

——滕文公章句下

完全读懂名句

1. 羞:感到耻辱。2. 比:音bǐ,结党营私,合作。3. 丘陵:此处是用来形容堆积如山,很多的意思。4. 枉道:违背、歪曲正道。5. 过:错误。6. 枉己者:自身行为不端正的人。7. 直:纠正。

孟子说:"驾车的人尚且认为与射箭的人结党合作是一种耻辱;如果因为跟射箭的人合作可以得到许多珍禽异兽,而且多的像山一样，我也不会去做。如果要违背正道而去跟随那样的人，这又是为什么呢？而且你也错了：自身行为都不端正的人，是无法去纠正他人的。"

名句的故事

战国时代是一个争夺的时代，适合纵横家的生存，纵横家也几乎左右了当时的政局；儒家所能发挥的影响力，根本是有限的。孟子的学生陈代，在求好心切之下，替他的老师想出一个"枉尺而直寻"的方法，也是我们现在所熟悉的成语"枉尺直寻"。"寻"是古代长度单位，约八尺或七尺。陈代的想法是，弯曲一尺而后能够伸展出八尺，也就是先委屈自己，有朝一日可以施展抱负时，成就就不止如此了。这有点像是要赌一赌，"以小博大"的感觉。

孟子是个正直的君子，怎么可能去做这样的事情？便举了两个例子开导自己的学生，其中一例用了驾车的人与射箭的人做比喻。故事发生在晋国大夫赵简子派车夫王良驾车，戴着他最宠爱的家臣去射箭打猎。一天下来，这位受宠的家臣一只鸟都没猎到，便向赵简子抱怨王良是最差劲的车夫；王良知道后便提议再替这位宠臣驾一次车，结果这次宠臣一个早晨就捕获十只鸟，便向赵简子称赞王良是最优秀的车夫。赵简子便想下令，让王良以后都为他的宠臣驾车。

王良知道之后，立刻否决这个建议。他说，起初按照法则去驾车，一天也射不到一只鸟，后来不按规矩驾车，却很快射到十只鸟，《诗经》上面说："驾车的人不能失去驾车的规矩，射箭的人一发箭便要射中目标。"他说他不习惯替小人驾车，所以要辞掉这个职务。孟子用这个例子告诉陈代，意思是说，驾车的人尚且知道要遵守驾车的规矩，不愿意与射箭的人同流合污，何况要他违背正道与诸侯们合作呢？自己的行为都不端正，又如何去纠举别人的错误？

历久弥新说名句

"枉尺直寻"是战国时代纵横家的普遍作风，苏秦、张仪、商鞅等，都是先采取低姿态，顺着当时诸侯的脾气，再慢慢将自己的理念推展出去，也就是一种机会主义的做法。这对传统儒家学者来说，是投机取巧的行为。例如《后汉书·张衡传》记载："枉尺直寻，议者讥之；盈欲亏志，孰云非羞？"意思是说，枉尺直寻是一种充满私欲缺乏志气的行为，读书人应该感到羞耻。

罗伦在明献宗时期被拔擢为进士第一，封为翰林院修撰。当时有一位大学士李贤回家奔丧后，却被朝廷"起复"；古时候官吏如遭父母之丧，服丧期未满而被朝廷召回就叫做"起复"。罗伦因为这件事情不合礼法，所以前去阻止李贤，但是李贤不听，所以罗伦干脆向皇帝上疏。

罗伦上疏说："朝廷以夺情为常典，缙绅以起复为美名……不知此人于天下之重何关耶？"朝廷既然以"夺情"为常态，士大夫当然以被"起复"而自傲了,因为这样可以显示出自己的政治地位,但是罗伦现在却义正词严地质疑这种违背礼法的现象。他继续说:"枉己者不能直人,忘亲者不能忠君。"罗伦劝诫明献宗,自己行为都不端正的人是无法纠正他人的,忘记自己亲人的人是无法对君主忠诚的(《明史·罗伦列传》)。细数明代,像罗伦这样的人还真没几个,真是令人闻风景仰啊!

为富不仁矣,为仁不富矣

名句的诞生

孟子曰:"贤君必恭俭礼下,取于民有制[1]。阳虎[2]曰:'为富不仁[3]矣,为仁不富[4]矣。'"

——滕文公章句上

完全读懂名句

1. 制:法度、规定。2. 阳虎:人名。字货,春秋鲁人,生卒年不详,为季氏家臣。3. 为富不仁:只知敛聚财物,却不讲求仁义道德。4. 为仁不富:行善者乐善好施,不聚敛财富,通常都不富有。

孟子说:"贤明的君王一定是恭敬节俭地以礼节对待臣子,会依据法制向人民征税。阳货曾说:'想要富有,就不会讲求仁义道德;想要施行仁义,就无法累聚财富。'"

名句的故事

滕文公当上国君之后，聘请孟子来担任他的国策顾问，有一天他向孟子请教如何治国。孟子告诉滕文公，人民的农事是最不可以拖延的，因为农事不仅关涉人民的温饱，也与国家的财政税收息息相关。因此要让人民能够安定生活，就要让人民按时耕作，这样国家也才会有岁入，而征税时也要依据合理的制度。孟子并且告诫滕文公，要做一个敛聚人民财富的君主，就不可能施行仁义道德；要做一个布施仁义的君主，就不可能累聚财富。

孟子的话和《大学》的道理是相通的："仁者以财发身，不仁者以身发财。"有仁德的君子会用财富去做利益人群的事业，换得的是众人的尊重；没有仁德的人是用自己的头脑来累聚财富，以满足个人的享受。

所谓"财散民聚"，只要君王愿意布施仁义，人民自然会主动靠拢。相较于纵横家是利用金钱、土地，甚至是人民，作为利益交换的筹码，目标是君主最大的利益。当时，商鞅代表秦国出去与各国交涉时，通常会事先准备很多金银珠宝，让对方先尝到甜头，作为交好的前哨，之后再予以击破，这就是"为富不仁"一个很好的例证。孟子在这种"上下交相利"的时代，鼓励滕文公做一个"为仁不富"的君主，实在是用心良苦呀！

修身养性

历久弥新说名句

　　宋朝的范仲淹是一个乐善好施的人，刚做大官，便将俸禄拿出来购置"义田"，供养周济同族的子弟，还包括婚丧嫁娶等事宜的协助。后来范仲淹买了苏州的南园作为自己的宅第，却听风水师说，南园的风水极佳，后代会出公卿，因此范仲淹很快就把南园改成学堂，以便教育苏州子弟。范仲淹布施仁义不仅换得后人的尊敬，也为自己的子弟累积福德，他自己的四个儿子也都做了宰相公卿。范家生活极为节俭，范仲淹死后，甚至连丧葬费用都不够，但他留给后世子孙的却是无比的道德财富。这就是"为仁不富"的最佳典范。

　　西方历史上有一个我们耳熟能详的"为富不仁"的铁证，就是有名的"十字军东征"。欧洲十字军扛着上帝的旗帜，要去降服中东的异教徒。哪知这些他们眼中的异教徒，可是非常懂得经商理财，因此十字军沿途所见的都是各式各样的财富。财富激起"圣战"参与者的贪婪之心，所以十字军所经之地，不仅血流成河，还掠夺金钱宝物，根本就把上帝抛在脑后了。"为富不仁"之极致，莫过于此。

父子有亲,君臣有义

名句的诞生

孟子曰:"圣人¹有忧之,使契²为司徒³,教以人伦:父子有亲,君臣有义,夫妇有别,长幼有序,朋友有信。"

——滕文公章句上

完全读懂名句

1. 圣人:这里指尧。2. 契:音 xiè,人名,殷代始祖,尧时为司徒,封于商。3. 司徒:职官名,掌理教化,类似今日的教育部长。

孟子说:"尧对人民的教化感到忧心,因此任命契担任司徒一职,教导百姓做人的道理:父子之间的感情是亲情,君臣之间要有义气,夫妇主内主外有分别,长幼之间要有先后次序,朋友之间要讲信用。"

修身养性

名句的故事

搬到滕国后,却被农家许行之说冲昏了头的陈相,以为统治者应该一面耕作一面治国,孟子则开始向陈相解释,为什么统治者不应该一面耕作一面治国。

孟子说,尧的时代,天下尚未平定,水患连连,草木多、禽兽也多,农事的收成并不好,因此尧派舜出来治理。舜则派益负责用火燃烧山林草泽,野兽才纷纷躲避;舜派禹治理水患,让百姓得以按时耕种。接着后稷奉命教百姓耕作的方法,谷物收成时,人民终于得到温饱。

然后尧又担心这些穿暖了、吃饱了的百姓,会像禽兽一样没有规矩,因此又派契担任司徒一职,教导百姓做人的道理。契的教化工作重点放在五种人际关系上:父子、君臣、夫妇、长幼、朋友等,也是我们熟知的五伦。孟子举出尧曾说过,对于人民要有体恤之心,偏邪的要纠正他、帮助他们奉行礼教等。孟子解释,尧舜这些人的心思是用在治民、养民、教民上面,哪有时间去耕种呢?

这句名言说的是人际关系中,有最需要重视的着力点,被后世中国人奉行不已。

历久弥新说名句

宋朝的朱熹是一位好学不倦的读书人，不仅遍读儒家经典，对于佛老之著，也都不放过，这为他日后的注释工作与教育工作，种下很深的根基。朱熹在五十岁的时候第二次担任地方官，他做了一件中国教育史上重要的大事：重建庐山白鹿洞书院。朱熹在书院实验自己的教育方案，包括制定书院的教育目的、教学程序、修养心性等学规，这就是著名的"白鹿洞书院教条"。"白鹿洞书院教条"的第一条就是："父子有亲，君臣有义，夫妇有别，长幼有序，朋友有信。"朱熹揭示：五伦就是读书人最基本的功夫。

潘维刚女士在 2005 年 1 月份的《讲义》杂志中，发表了一篇《和孩子站在同高度——父母要培养听得懂孩子说什么的能力》，讨论如何建立无碍的亲子关系。潘女士认为生命必须持续地成长，"当小孩出生时，就要准备和他再一次学习成长"。潘女士解释，父母能够再次学习成长，要特别注重日常生活中的分寸，"就是老祖先所讲的五伦，父子有亲，君臣有义，夫妇有别，长幼有序，朋友有信"。她说，五伦会帮助父母们重新调整对于人、事、物的理解能力，有助于亲子关系之间的正确反应。

除了五伦之外，李国鼎先生发起了"第六伦"运动。所谓的"第六伦"，是指"群我"关系，指我们自己与不认识的陌生人的关系。李先生认为台湾社会人与人之间越来越冷漠，一旦发生事情，就自扫门前雪，公德心也越来越淡薄，因此发起"第六伦"，鼓励大家守望相助。

单国玺先生接着提出了"第七伦"，就是"敬天"，与上天之间关系的规范。单先生以为，只要人相信"上天"主宰一切，给人类、万物制定所有规范，那么人只要依良心待人接物，就可以得善报。单先生认为第七伦是"六伦"的基础，如果大家都认同第七伦，那么其余六伦对社会的约束，就会更加有力。

天下之本在国，
国之本在家，家之本在身

名句的诞生

孟子曰："人有恒言[1]，皆曰：'天下国家[2]。'天下之本在国，国之本在家，家之本在身。"

——离娄章句上

完全读懂名句

1. 恒言：经常说的话。2. 天下国家：天子所统御的国度称为天下，诸侯的封地称为国，家是指公卿大夫。

孟子说："人们常说：'天下国家。'但是这句话的意义未必大家都知道。所谓天下的根本是奠基于诸侯之国，国的基础则是在于士大夫家族，家族的根本则是每一个组成分子。"

名句的故事

在人类早期社会，各个部落都是推举最强大的部族首领作为领导者，例如铁木真被蒙古族人推举为成吉思汗。部落领导者是每个都要重新选的，并不是这个领导者的儿子就可以继承领导部落的权力，这样的社会是"公天下"，例如尧禅位给舜，也是公天下的一环。

"家天下"据说是从禹开始。公天下的后期，天灾不断，特别是水患，大禹用疏道的方式，解决水患问题，舜就把王位禅让给禹。大禹过世之后，百姓非常感念他的恩德，因此就让禹的儿子启继承王位，也就是家天下的开始。《礼记·礼运》记述："今大道既隐，天下为家。"这个家就是指家天下。

孟子的这句话：天子的天下、诸侯的国、卿大夫的家，以至于个人，这就是家天下的秩序。根据《墨子·尚同》记载："治天下之国若治一家。"这个家就是指家族、家庭，犹如孟子所说的"国之本在家"，所以治理一个国家就如同治理一个家族。

《韩非子》则是记载："社稷将危，国家偏威。"就是指战国时代天子的社稷危在旦夕，反倒是诸侯士大夫的国家代之而起。之后秦国诛灭六国，造成大一统的局面，就是"帝国"的开始，即"皇帝的国家"，所谓的"天下"就是指皇帝的国家，是皇帝的私人物品，而非是百姓所共有的天下了。

历久弥新说名句

明末大儒黄宗羲说:"天下之治乱、不在一姓之兴衰,而在万民之忧乐。"(《明夷待访录·原君》)所谓的"一姓"是指家天下,也就是指帝王。黄宗羲清楚地把百姓的福祉交付到国家手中,国家的治乱兴衰,与谁当皇帝没关系,而是跟人民生活的忧乐息息相关。因此任何一个坐上皇帝位置的人,都必须以人民的福祉为最前提的考量。这也就是孟子所说的:"天下之本在国,国之本在家,家之本在身。"如果没有从最根本关切起,那么这个天下的根基显然是薄弱的。所以孟子也才会说:"民为贵,社稷次之,君为轻。"(《孟子·尽心》)百姓是最重要的。

唐玄宗开元年间的宰相卢怀慎,为人清正廉洁。他与唐玄宗谈论治国与用人的方法时,举出黄帝任用风跟力这两个人,所以天下得以治理;尧之所以能承继天下,也是因为任用了稷跟契两个人;因此"朝廷者天下之本,贤良者风化之源"(《旧唐书·卢怀慎列传》)。意思是说,朝廷百官的组成素质,是治理天下的根本所在,特别是任用贤良之士,因为这样的人臣是教化天下百姓的根本。又例如所谓"人君者朝廷之本也"(《新唐书·卷九》),朝廷百官是天下的根本,那么皇帝本身就是朝廷最重要的根基。如果没有一个好皇帝,就不会出现良治的朝廷,也就不会有良治的国家。这就是家天下的特色呀!

陈启智在《儒学在全球化进程中的作用》中认为,孟子说的

修身养性

"天下之本在国,国之本在家,家之本在身",就是现代人所说的"全球化"的观念。作者说:"天下是包括本国在内的世界各国之总称,欲对天下有所贡献和索取,必先立足本国,本国富强昌盛然后方能自立于世界民族之林,并进而贡献于天下。"陈启智倒是给孟子的名句下了一个很好的注解,也扩大了这句话的含意范围,让儒家的部分思想能与现代社会的理论相呼应,凸显出中国人古老的智慧,原来是这样的深邃。

言非礼义,谓之自暴也

名句的诞生

孟子曰:"言非[1]礼义,谓之自暴[2]也;吾身不能居仁由义[3],谓之自弃也。仁,人之安宅[4]也;义,人之正路[5]也。旷[6]安宅而弗居,舍正路而不由,哀哉!"

——离娄章句上

完全读懂名句

1. 非:毁谤。2. 自暴:自己害自己。3. 居仁由义:内怀仁爱之心,行事遵循义理。4. 安宅:安适的住宅。5. 正路:正当的途径。6. 旷:空缺、荒废。

孟子说:"凡是说话诋毁礼义的人,即是残害自己;自认为无法心怀仁爱之心、行事遵循义理的人,即是放弃自己。仁,是人类最安适的精神住宅;义,是人类最正确的光明大道。荒废最安适的住宅不去住，舍弃正途不走，真是可悲呀！"

名句的故事

　　我们常说的成语"自暴自弃"就是从孟子的这句话来的。孟子认为出言不逊、诋毁礼义，无法执守仁心、遵循义理行事，就是自暴自弃。孟子向来以大丈夫勉励自己、也勉励别人，他认为："居仁由义，大人之事备矣。"遵从义理、抱守仁德是大丈夫行事的标准，行为违背礼节、义理就是自暴自弃。

　　例如孔子的学生子路。初见孔子时，不但头戴鸡毛、目露凶光，一副野人装扮，还佩带一把长剑随意挥舞，并且对孔子出言轻浮，一点礼貌都没有。事实上，子路在拜孔子为师之前，有"卞之野人"的称号，很符合孟子所说的"自暴自弃"。后来经过孔子几次的"收服"，子路终于放下身段，穿起正式的服装，向孔子行弟子礼，最后成为孔门中优秀的政治人才。

　　所以，孟子的自暴自弃比较类似于自甘堕落、不求上进的意义。我们现在所谈的自暴自弃，多半是形容遇到挫折之后无法重新振作的人，与孟子的本意有一段差距。孟子认为，仁义是人类的精神家园，如果舍弃它、荒废它，就像不走正途一样，非常地可悲！所谓"悬崖勒马"，正是孟子这句话的用意呀。

历久弥新说名句

除《三字经》之外，中国还有一本广为传颂的儿童读物《弟子规》，相传是清康熙年间李毓秀所作。书中有句话就是："勿自暴，勿自弃，圣与贤，可循至。"这就是传统中国对于儿童启蒙养正、品德培养的典范标准，也让后人更加感佩孟子的智慧。

宋朝大词人陆游则是充分体现居住在"仁"与"义"这样的精神家园的愉悦，他说："居仁由义吾之素，处顺安时理则然。"（陆游《老学庵笔记》卷三）陆大词人显然把居仁由义当做是自己的日常生活习惯了，他真的达到了孟子的做人标准，实在是不简单呀。

话说《红楼梦》香菱住进大观园后，急着向黛玉学作诗，没想到香菱一学，就表现得出类拔萃，让大伙都称赞她，她以为大家都拿她开玩笑。结果探春、黛玉都笑道："若说我们认真成了诗，出了这园子，把人的牙还笑倒了呢！"宝玉立刻回道："这也算自暴自弃了。"原来这个不自暴自弃的宝玉，已经把大家作的诗拿给外面的人看了。

道在迩而求诸远,事在易而求诸难

名句的诞生

孟子曰:"道在迩[1],而求诸远;事在易,而求诸难。人人亲其亲[2],长其长[3],而天下平。"

——离娄章句上

完全读懂名句

1. 迩:近。2. 亲其亲:亲爱自己的父母亲人。3. 长其长:尊敬自己的长辈。

孟子说:"道理本来在我们的身边,却偏偏要向远处去追求;本来很容易的事情,却要从难处着手。其实,只要人人都亲爱自己的父母,尊敬自己的长辈,天下自然太平了。"

名句的故事

孟子这句话的道理,既浅显,也见其深意。我们常常舍近求远、舍易求难,以为披荆斩棘后所获得的道理,才是真正的道理;以为一定要筚路蓝缕后的成就,才是真正的成就。我们常常说,一个人的心胸有多大,成就就会有多高。宽大的心胸从何而来?其实就是平时的待人接物;能够成就大事业的能力,也是从平凡的事务,一点一滴所累积起来。

所谓修身、齐家、治国、平天下,修身的道理就是从对待我们周边的亲人、朋友开始做起。孝顺自己的父母、恭敬自己的长上,不仅长辈顺心,后辈也会模仿这样的行为,如此社会人情便可通畅顺达,难起争端,天下自然和乐太平。这个道理即呼应孟子的另一个观点:"老吾老,以及人之老;幼吾幼,以及人之幼,天下可运于掌。"(《孟子·梁惠王》)

从孟子当时的社会环境来说,这句话当是奉劝那些想要争霸天下的诸侯君主,应该先从自己的百姓照顾起,方能得到天下人的归顺,自然就可以平治天下。就像我们现在社会推动各类的"希望工程",就是期许大家从身边的小事做起,进而贡献到社会的每一层面。所以,不要舍近求远、舍易求难,就是生活的大智慧了。

历久弥新说名句

明朝理学家王阳明先生，在谈及世人对于"道"追求时，他说："道之大端易于明白，此语诚然。顾后之学者忽其易于明白者而弗由，而求其难于明白者以为学，此其所以'道在迩而求诸远，事在易而求诸难'。"王阳明认为，"天道"的概念是浅显明了的，只是后世学者都忽略这个简单的要素，而以为那些难以了解的才是学道，这就是孟子所说的"道在迩而求诸远，事在易而求诸难"（王阳明《传习录》。）

有位学佛的居士在经路上跟大家分享求道的经验。他是这么写道："上士学道，体之于身。中士学道，索之于言。下士学道，求之于术。学者多而成者少，良由道在迩而求诸远也。"为什么"学者多而成者少"？因为真正能体认出修道必须从自己身心着手的修行者，在于少数，大家都喜欢从身外求法，尤其是哪边玄妙就往哪边去，以为那里才是超凡入圣之处，真正的悟道是要心性合一，心性也就在我们自身，人人皆有之呀！

戴武光先生在《我的创作观念》一文中说，艺术家创作的题材就在自己的身边，不应该"道在迩而求诸远"，举凡唾手可见的山花、野草、篱边、厝角、田、埂、瓜棚、鸭群、鸡舍等景观，都是创作的来源。戴先生认为，要跟着自己的"心"与"眼"的感动而走，自然就会有打动人心的作品出现。

事,孰为大? 事亲为大

名句的诞生

孟子曰:"事¹,孰为大?事亲为大。守,孰为大?守身²为大。"

——离娄章句上

完全读懂名句

1. 事:侍奉。2. 守身:保守其身,不使陷于非义。

孟子说:"侍奉尊长,哪一项为最重要?当然以侍奉父母亲为最重要。操守的事,以哪一方面为最重要?应当以保守自身、洁身自爱不作坏事为最重要。"

名句的故事

孟子以大丈夫为目标,重视养志、养浩然之气,而日常生活起居的实践,就是借由孝顺父母与洁身自爱,来达到培养成为大丈夫的目标。孟子认为,能够洁身自爱、不做坏事,又能孝顺父母的人,他是听过的;而不洁身自爱、去做坏事,却说可以侍奉父母的这种人,他是没有听过的。孟子的意思是,孝顺父母是侍奉所有尊长的最基本功夫,洁身自爱则是保守正道的最基本功夫;一个懂得孝顺父母的人,自然会怕父母操心,所以定会洁身自爱,不做坏事。如果这两种功夫都无法实践的话,是不可能存有正气,成就为大丈夫的。

孟子以曾参为例,进一步说明侍奉父母,是侍奉父母的心,而不是侍奉父母的口。曾子侍奉他的父亲曾晳时,每餐一定都会准备酒肉,曾晳吃完之后,一定会问剩下的要给谁吃;如果曾晳问曾子,还有没有多余的菜,曾子一定会说有。曾子就是侍奉曾晳的心,他不让曾晳对这些事情操心。

反观曾子的儿子曾元,虽然每餐也都有准备酒肉侍奉曾子,但是曾子吃完之后,他却从未询问剩下的食物要给谁吃;如果曾子问他还有菜吗?曾元则是回答没有了,如果要吃,再做新的。曾子听到这样的回答,往往不好意思要多吃了。曾元只是把曾子的口腹之欲侍奉好,却没有侍奉曾子的心意呀!

曾子后来在元朝时被加封为"宗圣公",后人简称为"宗圣"。"宗"有根本的意思,也有尊敬、效法之意,此乃推崇曾子的孝行与自身的道德修养,两者都是做人最根本的功夫。

历久弥新说名句

对中国人而言,懂得孝顺的人自然不会变坏,会洁身自爱,这也是中国人特别推崇孝道的缘故,它甚至成为朝廷挑选官吏的标准之一,例如汉朝的"孝廉"。而孝道的根源可以追溯到殷商注重祭祖,当时的人认为祖先会在另一个世界管理"人事",因此在阳世的子孙还是要继续侍奉,祖先也会继续庇佑活着的人。

能事亲、能守身的历史典范很多,例如魏晋"竹林七贤"之一的山涛。史官称赞山涛说:"若夫居官以洁其务,欲以启天下之方,事亲以终其身,将以劝天下之俗,非山公之具美,其孰能与于此者哉!"山涛做官时对自己的行为非常约束,既不收受贿赂,也不结党营私,更从未迫害正直之士,最重要的是他孝顺父母,得以导正社会的风气。(《晋书·山涛列传》)

最近电视常播一则新闻:"身体发肤受之父母,不可毁伤。"未满20岁的青年朋友如果未征得父母的同意,就去刺青,他们的父母可以依据民法,向业者要求赔偿,甚至要求为小孩恢复原貌。这个新闻最大的意义在于告知我们,"孝"已经融入法律当中,作为一种社会规范。

可以仕则仕，可以止则止

名句的诞生

治¹则进，乱²则退，伯夷也。何事非君，何使非民；治亦进，乱亦进，伊尹也。可以仕³则仕，可以止⁴则止，可以久则久，可以速⁵则速，孔子也。

——公孙丑章句上

完全读懂名句

1. 治：指政治清明之时。2. 乱：乱世。3. 仕：为官。4. 止：结束，此时为退隐之意。5. 速：快速离开。

政治清明时就出来为官，政治污浊时就退而隐居，这是伯夷的做法。什么样的君王都可以服侍，什么样的百姓都可以领导，无论政治清明与污浊都出来为官，这是伊尹的做法。能出来做官就做官，要退隐就退隐，能坚持就坚持，要快速离开就快速离开,这是孔子的做法。

名句的故事

孟子之所以提出伯夷、伊尹、孔子这些先圣先哲对于为官的看法,一方面是回答弟子公孙丑的提问,另一方面则不外乎想表明自己的立场,而这个立场便是:并非所有贤哲的做法都是一定正确的,只有像孔子那样懂得"通变"之道,并且秉持着"无可无不可"的中庸理念,才是自己一直追求的境界。

《易经·系辞下》对"变通"的解释是:"变通者,趣时者也。"正因为"趣时",所以孔子才会有"无可无不可"(《论语·微子》)的豁达,才会在处于颠沛流离之中、在"不逢时"之时,依然安守自己的本分,然后继续坚持着自己"教化世人"的理念。也难怪孟子赞孔子为"圣之时者也",而朱熹也是那样高度评价孔子:"知无不尽而德无不全。"

"仕则进于庙堂之上,止则归隐山林之中"是儒家学者们一向推崇的政治境界,而归根究底,这其实就是我们相当熟悉的"兼善天下"以及"独善其身"思想的发散。而究竟是要"兼善天下"抑或是"独善其身",取决的关键则在于君王的态度,以及当时具体的政治环境。

不过虽然孔子口中老说"天下有道则见,无道则隐"(《论语·泰伯》)之类的话,虽然一直以来孟子对于孔子的这个思想也推崇备至,但其实不管天下究竟是"有道"还是"无道",这二位夫子却依然带着他们的"救世"思想,继续"入世",也继续他们"知其不可而为之"的坚持。若非如此,孟子"如欲平治天下,当今之世,舍我其谁也?"之语又怎会说得那样铿锵有力、自信心满满呢!

历久弥新说名句

"可以仕则仕,可以止则止,可以久则久,可以速则速",其实讲究的是一种"恰如其分"的态度,也就顺应着时势的变化自如进退,遵循着"有道则行,无道则隐"、"用之则行,舍之则藏"的处世方式。

一生风流洒脱的苏轼曾说过:"欲仕则仕,不以求之为嫌;欲隐则隐,不以隐之为高。"认为一切选择都取决于自己的个性,绝不违逆个性适应外在的东西。而三国时西汉的开国元勋留侯张良,在整个破楚亡秦的过程中,奇谋独运、妙招迭出,为刘邦建立的汉王朝立下多少汗马功劳。然而,正当刘邦大封群臣时,张良却谦恭自让,自动辞官远避朝廷,并因此避去一场大祸,正可看出其"当止则止"的智慧与胸怀。

自古中国为官者大致可分为三种类型,一类是"不为五斗米折腰"的陶渊明式"道家隐逸派",另一类则是"以天下兴亡为己任"的"儒家忧民派",而第三类则是"寓真理于嬉笑怒骂"中东方朔式"曲线救世派"。正因为有着这多种多样、迥然不同的生活态度及方式,也才造就出中华文化多样化的灿烂辉煌。

到了今天,"可以止则止"这个句式也开始有所变化,"可以"的含义渐渐淡去,而"应当"之意取而代之,并且可使用的范围也就更广泛了。例如用在为官上,依然还是"当仕则仕,当止则止";用在书法、绘画上,则成为"运笔如行云流水,当行则行、当止则止";用在行人过马路时,"见交通信号当行则行、当止则止"。

现在,你可以好好想想还有哪些场合或情景,是可以应用"当行则行、当止则止"之类的词句。

不以文害辞,不以辞害志

名句的诞生

孟子曰:"故说诗者,不以文¹害²辞³,不以辞害志⁴。以意逆⁵志,是为得之。如以辞而已矣,《云汉》⁶之诗曰:'周余黎民⁷,靡有⁸孑遗⁹。'信斯言也,是周无遗民也。"

——万章章句上

完全读懂名句

1. 文:文字。2. 害:这里指扭曲、破坏。3. 辞:辞意。4. 志:本意。5. 逆:揣测。6. 云汉:《诗经·大雅》中的一篇。7. 黎民:百姓、民众。8. 靡有:没有。9. 孑遗:孑音 jié,残留、独存。

孟子说:"所以解说诗歌的人,不能拘泥于文字而误解,扭曲词句的意思,也不要拘泥于词句而误解诗人的本意。要用切身的想象、体会去揣度、品味作者的本意,这样才能真正把握住诗歌所欲传达的精神。如果只拘泥于字词表面的解释,那么《云汉》这首诗说:'周朝剩余的百姓,没有一个留存。'相信这句话,那就会认为周朝是一个人都不剩了。"

名句的故事

我们现代人看几千年前的古人所写的文言文,觉得艰涩难懂,还算是合情合理。令人惊讶的是,即使古人看古人的文章,也有不理解的时候,本篇名句就是孟子的学生咸丘蒙(姓咸丘,名蒙)遇到看不懂的文章时,向老师请教而获得的解答。

咸丘蒙看到一段《诗经》上的文句写道:"普天之下,莫非王土,率土之滨,莫非王臣。"(普天之下,没有一处不是天子的土地;四海之内,没有一个不是天子的臣民。)因此觉得很纳闷,舜已经做了天子,但舜的父亲瞽瞍却不是他的臣民,这到底是怎么一回事呢?

孟子听完他的疑惑,则笑着回答说:"你会错意了。那句话并不是那个意思。"并教导他说:"不要断章取义、割裂个别字眼来曲解辞句;也不要因辞句的表面意义歪曲作者本意。要以自己的心意来体会作者的本意,这样才能真正体会文章的精神。如果只拘泥于字辞表面的解释,那么《云汉》这首诗说:'周朝剩余的百姓,没有一个留存。'相信这句话,那就会认为周朝是一个人都不剩了。"

修身养性

然后，孟子就运用他的"读心术"揣度舜的内心："舜要说的是，奉养父母难道不算是皇帝管辖范围之内的事情吗？但是我却因为忙于天下之事，而导致几乎没有时间来奉养父母。"

历久弥新说名句

现代批评理论主张"一千个读者就有一千个哈姆雷特"，不同的观赏者会因自己社会时空等背景的差异，而对同一作品有不同的理解、诠释。比如当皇帝，贵为天下至尊，万人之上，他看事情的角度必然跟小老百姓有所差异。

据说清朝康熙皇帝酷爱私下出访民间、巡视自己的辖地。一天上午，他又心血来潮摘掉金龙冠，脱去黄龙袍，换上一般的长袍马褂，出门去也。来到怀镇很热闹的一条大街上，街上人来人往、熙熙攘攘，突然皇帝注意到前头一家小铺的门前围着一大群人，于是也上前欲看看热闹。

原来是一个后生踩着高凳子在挂"酒望"（旧时酒店用布做成的招牌）。突然人群中有人喊叫："王兄，酒望挂低了。"显然挂酒望者姓王。康熙见酒望上写着"开市大吉"四个字，字须飞动，气势雄媚，也禁不住暗暗叫声好。

看完了四个大字，康熙用眼又扫视了一下"酒望"，立刻脸色大变，因为他看见"酒望"上的落款是"字王"，康熙心底想："虽说写得不俗，但是自封起'字王'，也未免太狂妄、目中无人了吧？"

康熙心想教训教训这个自称"字王"的初生之犊，就问掌柜这位写字的人平日为人如何。掌柜的回答说："他人很不错啊，非常认真上进，谦虚好学，不耻下问，所以才练就一笔好字。"康熙听完不相信自称"字王"的人还能不耻下问，当即向掌柜的要来笔、墨、布，在上面龙飞凤舞地写上"生意兴隆"四个大字，并落款为"地王"。

掌柜一看，这字比"开市大吉"写得还好，立刻让伙计挂出去，和"开市大吉"对着挑在门前。围观的人立即齐声喝彩："好字！好字！真乃神笔也。"康熙听了，心里很惬意。猛一回头，看到那个自称"字王"的年轻人，正羞惭满面地摘下自己写的"酒望"。不一会儿，就见那位"字王"来到他的眼前，态度诚恳，语言和蔼，向康熙请教。

而康熙皇帝只冷冷地回道："你不是字王吗？字王怎能向人请教书法呢？""我是字王？谁说的？"年轻书法家摸不着头脑，只好展开"酒望"，解释说自己姓"王"名"字"。因为家里祖祖辈辈没有一个识字的，到了他，为了希望他能够识字，就取名为"字"，所以，他的名字才叫做王字。康熙听完才知道原来是自己老眼昏花，犯了"以文害辞"的错误。

养其小者为小人,养其大者为大人

名句的诞生

孟子曰:"体¹有贵贱²,有小大;无以小害大,无以贱害贵;养其小者为小人,养其大者为大人。"

——告子章句上

完全读懂名句

1. 体:身体的各部分。2. 贱:地位卑下的。

孟子说:"身体有重要的部分,有次要的部分;有小的部分,也有大的部分。不要因为小的部分而损害大的部分,不要因为次要部分而损害重要的部分。护养小的部分的是小人,护养大的部分的是大人。"

名句的故事

孟子说:"养其小者为小人,养其大者为大人。"但什么是大?什么是小?而养小失大又是什么样的一种情况?

喜欢举例的孟子,仍用例子来比喻说明:"如果有人为了护养自己一个手指,却丧失了整个肩背的功能,自己居然不明白,那他就是个糊涂透顶的人。又比如现在有一个园艺师,放弃培植名贵重要的梧桐楸树,却去培植不值钱低贱的酸枣荆棘,那他就是个很蹩脚的园艺师。"

关心照顾微不足道的小事小物,却忽略、不重视更大更重要的部分,孟子认为是很逊与不可思议的。为了一棵树而丧失整片森林,为了一根指头而不顾整个身体,这种事是不是听起来很愚蠢呢?愚蠢的事还不仅止于此,孟子认为,如果只知道满足口腹之欲的人,也是会被轻视的。因为口腹之欲是小事,品德人格修养才是大事。

孟子认为脑满肠肥的人是让人看不起的,这看法是继承孔子而来,孔子曾说过:"饱食终日,无所用心的人,很难跟他有什么好聊的。"但孟子进一步阐释为什么人不能整日只是吃吃喝喝,理由是因为口腹之欲是小事,至于相对于吃喝的大事是什么?孟子在这里并没有提及,不过从孟子的其他思想我们可以猜测,应该是指仁义礼智的品格修养。

修身养性

历久弥新说名句

毛泽东在《讲堂录》中曾说:"毒蛇螫手,壮士断腕,非不爱腕,非去腕不足以全一身也。"割掉手腕以拯救、保存身体,在利处当中选择大利,在害处之中选择小害。

孔子另有一个弟子叫淡台灭明(字子羽),长得体态不雅,相貌丑陋,孔子因此以为他资质低下,不会成才。但他从师学习后,回去就致力于修身实践,处事光明正大,从来不去巴结公卿大夫。后来,追随他的学生有三百人,声誉传遍四方诸侯国。孔子后来感慨地说:"我凭相貌判断人的品质,对子羽的判断错了。"("吾以貌取人,失之子羽。")

孔子犯的错还不只一次。他还有一个学生叫做宰予,能说善道,利口善辩。孔子因此对他印象很好,觉得他会有所发达。但后来孔子渐渐发现,他不但非常懒惰,白天睡大觉;不孝敬父母,没有仁德;后来还因参与作乱而被杀死。孔子后来感叹地说:"我凭言语判断人的品质,对宰予的判断就错了。"("吾以言取人,失之宰予。")

外貌、言语,都是小者,道德、理想才是大者,我们不能因小失大,当然更不能养小失大。

博学而详说之,将以反说约也

名句的诞生

孟子曰:"博学[1]而详说之,将以反[2]说约[3]也。"

——离娄章句下

完全读懂名句

1. 博学:广博、广泛的学习。2. 反:返回。3. 约:简约、简要。

孟子说:"广博地学习,详尽地解说,在融会贯通之后,再返归到简明要义。"

名句的故事

一个熟读百科全书、条目倒背如流的人,这样算是有学问的吗？孟子认为不是，充其量只能说是博学，博学而未能有贯通。孟子认为学习求知必须注意由博返约。他认为真正有学问的人，是先"广博的学习，然后融会贯通"，能深入浅出，这样才算是真正有学问的人。又或者学习的最高目标，就是"博学而详说，将以反说约"。

换言之，孟子认为读书绝对不是读死书或吊书袋，真的学问，是有能力将复杂的知识，抽丝剥茧，抓住其简明精要之处，这是高度驾驭知识的一种能力展现。因此，现在我们知道如何去判定一个人究竟算不算有学问，可别被一些喜欢炫耀门楣、班门弄斧的半调子读书人给糊弄了。博学详说不是为了炫耀渊博，故作深刻，而是为了深入浅出，出博返约。记住孟亚圣的"由博返约"的判准，那些满嘴听不懂的深奥语言，大部分都不是真才实学之士。

历久弥新说名句

朱熹认为博学就像盖房子，地基要打得宽广厚实，上面的房子才能稳固与辉煌。下面我们就来看看学问大楼的地基要如何打得厚实。

一次，在洛阳期间，孔子和他的弟子们拜访苌弘，请教乐的问题，苌弘很敬仰孔子的学问道德，曾经对别的朋友说："我看仲尼这个人，仪表堂堂，态度谦和，记忆力强，博物不穷，好像见到了圣者兴旺的征象。"

从洛阳回来，孔子的名望更高了，来请求入学的弟子更多，这个时候他是 30 岁。有一次鲁国的太庙举行祭祀大典，临时请他去担任助理，因为他没有做过这种工作，所以每样事情他都很慎重地请教别的祭师。但却招来旁人的批评，"谁说孔子懂得礼呢？进到太庙里什么都要问。"

孔子的学生子路看到了，也觉得老师怎么那么蠢，孔子则解释："这一次是太庙荣典，一切需要敬谨，那些仪式虽然我都知道，可是为了慎重起见，还是样样要问个详细确实，这才叫做礼。"子路恭恭敬敬称是。孔子又说，顺便再告诉你："知道就说知道，不知道就说不知道，这样才是真正的学习。所知有限、不懂并不是可耻的事，不懂而假装懂，那才是愚蠢又可笑呢！"

换言之，学问的地基要打得厚实除了努力之外，还要"虚心"，别"半瓶水就响叮当"。再看一则关于学习的笑话，或许可以让人更体会什么是"真学习"、什么是"假学习"。有位父亲看到儿子不肯用功读书，就用古人好学的故事开导他。他说："古时候有个叫孙康的人，家里很穷，没钱买油点灯，就借着雪映的光读书，后来成了大学问家，你应该向古人学习。"儿子听后，点了点头说："我记住了。"过了一些日子，父亲来到儿子房间，只见儿子瞪着两眼望着窗外。他十分生气地问："你怎不读书啊？"儿子回答："我还在等下雪呢！"

一齐人傅之，众楚人咻之

名句的诞生

孟子曰："一齐人傅¹之，众楚人咻²之，虽日挞³而求其齐⁴也，不可得矣；引而置之庄岳⁵之间数年，虽日挞而求其楚⁶，亦不可得矣。"

——滕文公章句下

完全读懂名句

1. 傅：辅导、教导、教授之意。2. 咻：喧嚷、吵闹。3. 挞：音tà，用棍、鞭等拍打。4. 齐：这里指会说齐国的语言。5. 庄岳：齐国的街道名，乃是齐国的繁华之地，在现今山东省临淄县北古齐城中。6. 楚：这里指会说楚国的语言。

孟子说："如果有齐国的老师教他说齐国的语言，却有许多楚国人在旁边用楚语吵闹，就算是每天鞭打他、要求他学齐语，是不可能的事情。但是把这个孩子送到齐国最热闹的庄岳去住几年,每天鞭打他要求他说楚国语言,他也不可能说楚语。"

名句的故事

擅用故事、比喻来说理的孟子,这次的对象是宋国大夫戴不胜。戴不胜想要举荐宋国的一个大善人薛居州,去辅佐宋王行善,他想听听孟子的看法。孟子先反问戴不胜:"如果有一个楚国的大夫,希望自己的儿子会说齐国的语言,是请齐国人教他,还是请楚国人教他?"戴不胜回答说:"当然是请齐国人来教他。"

孟子又问:"如果有了齐国的老师教他说齐语,却有许多楚国人在旁边用楚语吵闹,就算是每天鞭打他、要求他学齐语,是不可能的事情。但是把这个孩子送到齐国最热闹的庄岳去住几年,即使每天鞭打他要求他说楚国语言,他也不可能说楚语了。"

孟子举这个譬喻,是说明环境对于一个人的影响。戴不胜以为只要把大善人薛居州安排到宋王的身边,宋王就会跟着行善,却忽略百官当中如果只有一个善人,那么区区一个薛居州,如何能成大局呢?因此孟子奉劝戴不胜,如果希望君王有所作为,就要让君王多接近贤人,远离小人,国家自然会上轨道。

所谓近朱者赤、近墨者黑,就是这个道理。而后人就用成语"齐傅楚咻",比喻情势孤立、无法与现实抗衡;或用"一傅众咻"来形容学习受到干扰、成效不佳,比喻环境对人的影响力。

修身养性

历久弥新说名句

　　咸丰二年被拔擢为云南巡抚的吴振棫,其任务就是剿平云南回乱。他隔年上疏建言,需要有相当的人才带领剿匪的士兵,所以希望能够破格拔用胡林翼、江忠源。他建议朝廷授予这两个人二、三品的官职与任务,以激发出他们才干,因为如果只是把他们放在一般的士兵里面,就像是"分效驰驱,一傅众咻",即各自发展、受到扰乱,便无法成材(《皇朝经世文续编·密陈贼势愈炽剿贼需人疏》。)吴振棫不仅有识人之才,在担任巡抚期间,对于平定回乱也有极大的功劳。

观近臣,以其所为主

名句的诞生

孟子曰:"吾闻观近臣¹以其所为主,观远臣²以其所主,若孔子主痈疽³与侍人⁴瘠环⁵,何以为孔子!"

——万章章句上

完全读懂名句

1. 近臣:在朝的臣子。2. 远臣:外省的臣子。3. 痈疽:人名,也有写作雍渠、雍鉏、雍睢,卫灵公宠幸的宦官。4. 侍人:侍奉君王的人。5. 瘠环:人名,齐景公宠幸的宦官。

孟子说:"我听说过,观察在朝的臣子,看他所接待的客人是什么样子;观察外来的臣子,看他所寄居处的主人是什么样子。如果孔子寄住在痈疽和仆人瘠环家里,把他们当做主人,怎么还能算是孔子呢?"

名句的故事

一日，孟子的学生万章不知道从哪边听说了孔子在卫国所发生的事情，因此像是发现伟人秘密似的兴冲冲跑去问孟子："有人说，孔子在卫国的时候住在卫灵公所宠幸的宦官痈疽的家里；在齐国，又住在宦官瘠环家里，有这回事吗？"

孟子说："不，不是这么回事，这是好事者编造出来的。"又说："当时孔子在卫国寄住在仇由家，弥子瑕的妻子与孔子的学生子路的妻子是姐妹。受卫灵公宠爱的弥子瑕曾对子路说：'孔子来住在我家，卫国卿的职位就可以得到。'子路把这话告诉给孔子。孔子说：'由命决定。'孔子做官与不做官，根据礼义行事，能不能得到官职，说要'由命决定'。如果寄住在痈疽和宦官瘠环那里，这便是无视礼义、命运了。"孟子赞赏孔子能够拒绝住在卫国疡医痈疽和齐国太监瘠环的家里，也能够抵抗美男子弥子瑕的诱惑。

由孔子住的地方，孟子延伸出来上面那一段话："想了解一个人的品行、道德如何，只要他观察接待的客人是什么样的人，或者如果他是外省的臣子，就观察他借住的地方的主人是什么样子，就可以了解他是什么样的人了。如果孔子是那种会寄住在痈疽和宦官瘠环家里，把他们当做主人的人，那么孔子还会成为孔子吗？"

其实，孟子要说的，也就是"近朱者赤，近墨者黑"的类似道理，如果孔子总是和像痈疽、瘠环这类的人混在一起，怎么可能会变成大圣人呢？

历久弥新说名句

无论古代或现代，对于人际交往、人际关系都非常重视，和什么样的人混在一起，就会变成什么样的人，因此不可以不小心谨慎。一手让秦国强盛壮大的商鞅，只为了想要让自己有展现才华的机会，找了名声不是很好但却是秦孝公宠臣的美男子景监，帮他引介。连这样子的短暂交往，都会被历史家司马迁给记上一笔，说他"因由嬖臣"（嬖臣：受到宠幸的近臣），做了污辱自己的事情。

而不只是一般人可以透过他招待的客人，与去作客的主人，来判定这个人的正直与否。就连万人之上的国君，会接近、任用什么样的人才、臣子，不仅会影响他的功业，也会影响他的品德。秦国不只是在战国时期曾经奋发图强、广纳贤才，早在更之前的春秋时期，秦穆公就曾经做过洗心革面的动作，欲生聚教训，把秦国变成一等一的国家。想要富国强兵，其中一个很重要的条件就是人。于是具有远见卓识的秦穆公，广纳贤才不分尊卑贵贱界限，甚至选用别国前来投奔的人，还重用已经是70多岁老翁的百里奚。

百里奚是春秋时虞国人，年轻时因为家贫，去替人家放牧牛羊，后来在虞公手下任职大夫。晋献公灭虞后，百里奚和虞公都被俘虏。当时正好秦穆公向晋国求婚,晋献公就把百里奚当做陪嫁的奴隶送给秦国。百里奚觉得很委屈,就趁机逃跑了,结果竟被楚国的人逮捕。秦穆公听说百里奚是一个很贤能的人,就用五张黑羊皮赎回百里奚。虽然百里奚已经70岁了,秦穆公仍然非常恭敬地向他请益国事,百里奚说:"我是亡国之臣,哪值得请教呢?"秦穆公说:"虞公没有重用先生,所以才亡国的;这不是先生的过失啊!"两个人谈了三天,秦穆公非常欣赏他,请他为相。几年以后,秦国就成为春秋五霸之一。因为百里奚是用五张黑羊皮赎回的,秦国的人就称他为"五羖大夫"。

秦穆公接近一位七十老翁,而汉献帝时的名士蔡邕则是接近一位14岁的年轻人,把他奉为上宾。有一次,蔡邕家里宾客满堂,忽然仆人进来禀报有一位叫王粲的人在门外,蔡邕慌慌张张跑出去迎接,把鞋都穿倒了("倒屣相迎")。大家见到这个让主人手忙脚乱的客人,居然只是个十几岁、身材弱小的孩子,都大感惊讶。蔡邕则补充说:"这孩子资质卓越,我都比不上。我还要把家里的藏书文章都送给他。"("此王公孙也,有异才,吾不如也。吾家书籍文章,尽当与之。"《三国志》)

由秦穆公与蔡邕所接待的客人,我们应该可以知道这两个主人也是气度非凡、超越俗见的智者。

资之深,则取之左右逢其原

名句的诞生

孟子曰:"君子深造¹之以道²,欲其自得之也;自得之,则居之安;居之安,则资³之深;资之深,则取之左右⁴逢⁵其原⁶。故君子欲其自得之也。"

——离娄章句下

完全读懂名句

1. 造:培养。2. 道:方法、道理。3. 资:积累、蓄积。4. 左右:身之两旁。5. 逢:遭遇、碰上。6. 原:同"源",本也,水之来处。

孟子说:"君子遵循一定的方法来加深造诣,是希望自己有所领悟。自己有所领悟,掌握得就比较牢固;掌握得牢固,就能够积累深厚;积累得深厚,便能取之不尽。所以,君子总是希望自己有所领悟。"

名句的故事

战国时期知识蓬勃发展,对学习也特别感兴趣,也连带尊师风气也盛行。与此相应,还出现了专门维护师道尊严的文章《弟子职》。而孟子对学习也很有自己的心得和看法,他认为学习不只是用功就可以的,还要讲究方法。

孟子认为学问的根基要扎实,要能左右逢其源,随手拈来都是学问,必须透过"自得"。所谓自得,指的是透过自己亲自去体会、领悟,这种透过"自得"的知识,才能掌握牢固;而能"掌握得牢固,就能够积累深厚;积累得深厚,用起来就能够取之不尽、运用自如"。

如果不是透过"自得"而来的知识,其实只是一种类似背诵式、填鸭式的死知识,这样的知识没有体会、没有反思,只是外在的知识,而不是自己的知识,也很难能够举一反三、左右逢源。

孟子主张真正经得起考验的知识,是不拾人牙慧,不人云亦云,而是以自己的独到体验来获得属于自己的亲知,从而提出自己的思想观点。而任何知识的独创性,正是来源于这种"自得"的升华。孔子说:"古之学者为己,今之学者为人。"任何的学习,不但是要透过亲自领悟,也是为了自己,而不是为了外在的装饰或功名。

历久弥新说名句

爱因斯坦曾说:"兴趣是最好的老师。"有了兴趣,就会发自内心地学习、求知,发自内心地真心学习、体验,就是自得。即使是大圣贤孔子,在学习的时候,也还是像小学生一样认真。

孔子曾经向师襄子学习弹琴,一连学了十天,也没增学新曲子。师襄子说:"可以学些新曲了。"孔子回答说:"我已会弹此乐曲了,但还没有熟练地掌握弹琴的要领。"过了一段时间,师襄子又说:"你已掌握弹琴的要领了,可以学些新曲子。"孔子说:"我还没有领会乐曲的内涵。"又过了一段时间,师襄子再次对孔子说:"可以学些新曲了。"孔子说:"我还没有体会出作曲者是怎样的一个人。"不久,孔子显得肃穆沉静,深思着什么,接着又心旷神怡,显出视野宽广、志向高远的神态,说:"我体会出作曲者是个什么样的人了,他的肤色黝黑,身材高大,目光明亮而深邃,好像一个统治四方诸侯的王者,除了周文王又有谁能够如此呢?"师襄子恭敬地离开位置,给孔子拜了两拜,说:"我老师告诉过我,这是《文王操》的曲子。"(《文王操》相传是周文王所作的琴曲名。)

看到孔子学习的时候居然这么认真,不禁让人有点动容与肃然起敬。连他这么优秀的人都还这么认真学习,更何况我们这些资质平庸的人呢。更让人惊讶的是,不只孔子,还有清朝的康熙皇帝也是好学一族。十七八岁时,读书过劳,以至于咳血，但康熙仍不肯休息。31岁首次出门下江南，仍然手不离书，到了夜半三更，仍不废读。甚至，正当国家快丢了的三藩之乱的当时，翰林院奏请休息几日进讲，康熙皇帝都不答应，理由是他认为："读书一卷，即有一卷之益；读书一日，即有一日之益。"

学问之道无他,求其放心而已矣

名句的诞生

孟子曰:"仁,人心也;义,人路也。舍其路而弗[1]由[2],放[3]其心而不知求,哀哉!人有鸡犬放,则知求之;有放心,而不知求。学问之道无他,求其放心而已矣。"

——告子章句上

完全读懂名句

1. 弗:不。2. 由:走、经过。3. 放:放任、失去。

孟子说:"仁是人的本心;义是人的大道。放弃大道不走,失去本心而不知道寻求,真是悲哀啊!有的人,鸡狗丢失了倒晓得去寻找,本心失去了却不晓得去寻求。学问之道没有什么,不过就是把失去的本心找回来罢了。"

修身养性

名句的故事

孟子所处的战国时期比起孔子所处的春秋时代,是一个更彻底的弱肉强食,胜者为王、败者为寇的时代。如果孔子在各国还会维持表面仁义礼治的春秋时期,都无法受重用、推行仁道,而必须回家写书,那么孟子的仁义之说就更被当成是外星人的语言,连听都听不懂了。

不过,固执的孟子还是坚持只用一种语言,他说:"仁是人的本心;义是人的大道。放弃大道不走,失去本心而不知道寻求,真是悲哀啊!有的人,鸡狗丢失了倒晓得去寻找,本心失去了却不晓得去寻求。学问之道没有什么,不过就是把失去的本心找回来罢了。"

如果心没了,纵使拥有全天下的财富,也是没有多大的意义。因此,孟子认为,找回自己散逸的心是一切学习的开始。而孟子也不懂为什么人如果丢了任何再小的东西,都会着急想立刻去找回来。可是丢了像"心"(善心)这样贵重的东西,却反而一点都不在乎。

历久弥新说名句

东汉中期以后,朝政腐败、官吏贪污。但是在安帝时,享有"关西孔子"美誉的杨震,即是当时的一股清流。某日他被任命为太守，在赴任途中时，县令王密突然来访，因为他与杨震曾有师生情谊，因此秉烛畅谈至深夜；突然王密从怀中取出10斤黄金，并称仅是感念杨师之教诲，而别无他意，不料杨震却回答说："你应该把这份心意回报给朝廷、百姓才对。"但王密仍然赖皮地说："现在是深夜，不会有别人知道此事的，你还是收下黄金吧！"杨震一听站起来，大声喊叫道："天知、地知、你知、我知，怎么说没有人知道呢？"王密听了当场愧得无地自容，尴尬地离去了。后来人们就称杨震为"四知"先生。这位"四知"先生的心，即使在晚上，也没有暂时遗失不见。

被孟子骂"拔一毛而利天下，不为也"的杨朱，虽然派别不同，但对于"找放心"却有相类似的看法。有一次，杨朱的邻居丢失了一头羊，他就带着亲戚去寻找，后来又请杨朱的家僮一起去追羊。杨朱问："只不过丢了一只羊，为什么要这么多人去追呢？"邻居说："因为岔路实在太多了。"过了一会，家僮回来后，杨朱问："寻到了没有？"家僮说："没找到。"杨朱又问："这么多人去找，为什么还被它逃掉呢？"那些人懊恼地说："岔路中又有岔路啊！我们不知道羊的去向，所以只好回来了。"杨朱听了后怅然若失地说："那么人的心是否也会因为歧路太多而找不回来呢？"而"歧路亡羊"也变成很有名的成语，比喻事物复杂多变，如果没有专心致志、没有正确方向就会误入歧途。

虽有恶人,斋戒沐浴,则可以祀上帝

名句的诞生

孟子曰:"西子¹蒙²不洁³,则人皆掩鼻⁴而过之。虽有恶人⁵,斋戒沐浴⁶,则可以祀上帝。"

——离娄章句下

完全读懂名句

1. 西子:指春秋时越国美女西施,这里以她代指美女。2. 蒙:遭受、遭遇。3. 不洁:污秽之物。4. 掩鼻:遮盖住鼻子。5. 恶人:貌丑之人。这里主要是与西子的美丽相对。6. 斋戒沐浴:在祭祀或举行重要典礼之前,沐浴更衣,不饮酒,不吃荤,夫妻不同房,严守戒律,以示虔诚庄敬。

孟子说:"就算是像西子这样的大美人,如果她沾染上污秽恶臭的东西,别人也是会赶紧捂着鼻子逃开。虽然是一个面貌奇丑的人,如果他吃素沐浴,则也同样可以祭拜上帝。"

名句的故事

　　本篇名句孟子主要是要说明"内在美"比"外在美"还重要。不过,即使像孟子这样正直严肃的人,还是晓得大美女西施这一号人物的存在,因此以她为例说明。

　　孟子用对比的方式说:即使像西施这样的大美女,如果不洗澡不洗头、邋邋遢遢的,那么即使脸长得再妖娇动人,路人见了,还是会一边捂鼻,一边快步逃开。不过不知道是因为当时没有像钟楼怪人加西莫多这样著名的丑人,举例大师在这里就举不出例子来,就只泛称"恶人"。他说:但即使面貌丑陋之人,如果他每天吃素沐浴、修养自己,则上天一样会接受他的祭拜,并为他祝福。

　　其实,面恶、面美与心善、心恶,不必然是相关联的。面恶既可以心恶、也可以心善,毕竟,外在美是先天的,而内在美才是由自己来决定和掌控,可以选择让它变得美或不美。总之,要当一个路人避之唯恐不及的蒙不洁的西子,还是当一个可以祭祀上帝、人人喜爱的钟楼怪人,这抉择应该不难,无须太多的挣扎吧。

修身养性

历久弥新说名句

若说西施(西子)是中国四大美人之一,那么战国时齐国的无盐女钟离春可说是中国四大丑女之一。她皮肤如漆、卯鼻结喉、长相奇丑,年过四十尚未嫁人。一天,她跑去找齐宣王,要求服侍他。齐宣王后宫佳丽三千,国色天香比比皆是,见到如此胆大的一个丑女,一时忍不住掩口大笑。不料,钟离春却神色自若,一本正经地说道:"危险啊!危险啊!"

齐宣王这才止住笑不解地问她:"何事危险呢?"胆识过人的钟离春于是不慌不忙、有条不紊地分析时政起来,她列举出齐国存在的四大隐患,并指出如何一一整治,听得齐宣王目瞪口呆,醍醐灌顶而肃然起敬,于是真的下令娶她为妻,迎为王后。

这种"面恶心美"的故事还真不少。《韩非子》一书曾记载一个关于美与丑的故事。拔一毛利天下而不为的杨朱有一次经过宋国东部一家旅店,旅店老板有两个侍妾,一个长得很美,一个却长得很丑,杨朱以为那个美丽的一定比较得老板的宠爱,后来,他才发觉他完全错了。

经过他仔细询问,才知道原来那个长得美丽的,虽然空有美丽的外貌,性情却十分骄纵、傲慢,可能是自恃其美吧,态度总是很蛮横,像是别人都对不起她似的。反观那个丑妾,虽然容貌不好,却有谦和的性情,总是温柔待人,因此客人都很喜欢她,而主人也是对她疼爱有加。杨朱知道了就转头对弟子们说:"行善事,却不存着行善之心,这样做很难能够不招人喜爱的。"("行贤而去自贤之心,焉往而不美。")

有一则网络上的笑话也跟美丑有关,西湖是中国十大美景之一,但是一旁却出现了丑陋的高耸水泥建筑,来到这里的游客都指手画脚地批评这个建筑的丑陋,其中一位文人模样的游客看到后则很斯文地说出:"西湖有了这样个建筑,真可谓'西子蒙不洁'!"

大孝终身慕父母

名句的诞生

孟子曰:"人少¹则慕父母,知好²色,则慕³少艾⁴。有妻子则慕妻子。仕⁵则慕君。不得⁶于君则热中⁷。大孝终身慕父母;五十而慕者,予于大舜见之矣。"

——万章章句上

完全读懂名句

1. 少:去声,年幼的时候。2. 好:去声,喜欢。3. 慕:爱慕,依恋。4. 少艾:艾,美好也;少艾,指年轻美貌的人。5. 仕:当官。6. 不得:失意的意思。7. 热中:躁急心热的意思。

孟子说:"人在年幼的时候,爱慕父母;懂得喜欢女子的时候,就爱慕年轻漂亮的姑娘。有了妻子以后,便爱慕妻子;做了官便爱慕君王,得不到君王的赏识信任,便心里焦躁难受。

不过，最孝顺的人是终身都爱慕着父母的。到了50岁还爱慕着父母的，我在伟大的舜身上见到了。"

名句的故事

舜是古代著名的皇帝，他不但是个好皇帝，而且还是个孝子，但是他父亲、继母并不喜欢他，所以他常常不快乐，一个人跑到田里面哭泣。

即使他已经获得了天下，这是人人想得到的，但却不足以消除他的忧愁；即使尧把自己的两个女儿许配给了舜，这是人人都很羡慕的，但仍然是无法让他快乐起来。为什么呢？就是因为舜一直无法讨父母的欢心，因此，总是一辈子心里懊恼，像是走投无路的人找不到归宿似的。

因此孟子就大大称赞了舜一番："具有最大孝心的人，是能终身都眷念着父母的。到了50岁以后还眷念父母的，我在伟大的舜身上看到了。"

舜的孝顺确实前无古人能比、后无来者可追，称之为大孝，实至名归。他的父亲瞽瞍受到舜后母与其他子女的影响，竟然全家人联合起来三番两次要陷害舜。不是叫他去掘井，然后落井下石，就是叫舜去修屋顶，然后放火烧屋。但是舜不但不生气，还觉得是自己的问题才让父母讨厌的，反而更加孝顺。这样的大孝难怪圣人孔子亚圣孟子，都要竖起大拇指，赞不绝口了。

修身养性

历久弥新说名句

据说翻译赫胥黎的《天演论》的严复也曾经写了一篇"大孝终身慕父母论"的文章，而受到当时福建船政大臣沈葆祯的赏识，以第一名进入福建的马江船政学校，可见孝道一直是中国文化里很重要的一部分。孝道是由儒家所大力倡导鼓吹的，孔子一边推行孝道，一边当他的大司寇时（大司寇是处理司法之官），有人就编排出这样一个挑战：让孔子遇上一件"父不慈、子不孝"的案件。

这天，孔子来到大堂，刚刚坐定，门外就传来一阵吵嚷声。底下的人报告说："外边有父子俩来告状，是父告子、子告父。"这一老一少破衣烂衫、灰头土脸，到了大堂，便吵吵嚷嚷地争着诉说。孔子脸一沉道："父不父、子不子，成何体统，老者先说。"那少者赶紧闭了嘴，低下头听老者陈述。

原来，这一老一少家里只有他们两个人，老者贪嘴、少者懒惰，家中一贫如洗，爷俩常常为了吃喝问题而争吵打闹。这一幕，早上又上演一次，结果就拉拉扯扯闹上了公堂。

孔子听了，又气愤又无奈，走下大堂，在窗前沉思了片刻，然后下令："把他俩都给我关进大牢里去。"告状的爷俩想让孔子给个公平合理的判断，没想到不分青红皂白就要投进大牢，双双连喊："冤枉！"但只见孔子对衙役们说："把老头子押进新牢，把年轻的押进旧牢，不准给饭吃。"

老者被关在新牢里，一个劲地唉声叹气。突然，梁头上传来一阵叽叽喳喳的叫声，原来是一窝燕子，老燕子衔小虫从牢窗里飞进来，喂给雏燕。老燕子从早到晚，飞进飞出，从不间断。老者一边饿得昏头转向，也一边看得入了神。

而儿子待的旧牢里，又暗又潮。少者趴在窗口，看见院中央有棵大槐树，树上有个老鸹窝，小老鸹正给老老鸹喂食。原来老老鸹生下小老鸹18天眼睛就瞎了，无法觅食，于是小老鸹就负起喂养的任务。这样一连看了三天，老老鸹"哑哑"的叫声，让儿子不禁想起还待在牢里的父亲也没饭吃呢。

第四天，孔子升堂。从牢里提出老者和少者，这爷俩一见面，在大堂上抱头痛哭，一旁的衙役们个个丈二金刚摸不着头脑，只有孔子自己心里清楚，脸上微微露出了笑容。姑且不论这个故事的真实性，但是孝道对中国人的影响可是从此无远弗届。

古今关于孝道的故事，多得说不清，关于孝道的笑话，这里倒是附上一则。有一位糊涂县官，要判处一个打家劫舍兼杀人的大盗，县官看案卷，查知该犯人之父三年前因为谋财害命而被斩首，当下立即下堂，将大盗扶起，并向其跪拜，众人大惊，以为县官神志不清了，只见县官琅琅说道："儒家说'三年无改父之道，可谓孝矣！'令尊死了三年，如今你继续为盗，不改父志，可算孝子，可敬可敬！"

仰不愧于天，俯不怍于人

名句的诞生

孟子曰："君子有三乐，而王天下不与存焉。父母俱存，兄弟无故[1]，一乐也；仰不愧于天，俯不怍于人，二乐也；得天下英才而教育之，三乐也。君子有三乐，而王天下不与存焉。"

——尽心章句上

完全读懂名句

1. 事故、灾患。

孟子说："君子的乐趣有三种，但是统治天下并不在其中。父母都健在，兄弟无灾患，是第一种乐趣；抬头无愧于天，低头无愧于人，是第二种乐趣；得到天下的优秀人才并对他们进行教育，是第三种乐趣。君子有三种乐趣，但是统治天下并不在其中。"

名句的故事

在《史记》中，司马迁写到孟子，就叹道："余读孟子书，至梁惠王问何以利吾国，未尝不废书而叹。"接着又说："利，诚乱之始也。"利益二字，即是混乱的根源；司马迁有此感叹，更何况身处于功利为主的战国时代的孟子？然而，在这个混乱的时代中，孟子总是反其道而行，不谈利，只谈道德、谈人性。孟子认为，人要求自我实现，就要对社会作出贡献。但若有志难伸、无路可走时，又该怎么办？孟子要我们追寻内在的力量。

于是孟子说，真正的快乐未必完全是靠外在成就，比当帝王更快乐的事有三样：父母俱存，兄弟无故；仰不愧于天，俯不怍于人；得天下英才而教育之。在这三样快乐中，一是取决于天意，一是取决于他人，唯有第二样是只要反求诸己，人人都能做到的。孟子更进一步说："反身而诚，乐莫大焉。"孟子提出的三件乐事，看似简单，却是追求人生充实与快乐的内涵。

孟子亦跟孔子一般，是个以教育英才为乐的好老师。孔子"有教无类"，孟子则说："君子之所以教者五：有如时雨之化者，有成德者，有达财者，有私淑艾者。此五者，君子之所以教也。"显然，孟子是将教育与家庭平安、心胸坦然并列，甚至超过王天下。

这是一种道德实践的自乐之道，正如同颜回的"居陋巷，不改其乐"，内心对道德实践的喜悦，与外在环境是无关的。孟子虽认为士人亦应该回馈社会，造福人民，但不应依赖政治；事实上，这君子三乐正是孟子一生奉行的写照。

历久弥新说名句

"仰不愧于天，俯不怍于人"，后来衍伸出"俯仰无愧"、"当之无愧"、"问心无愧"等成语，皆有立身端正，上对天、下对人皆无愧于心的意思。《镜花缘》中说："对得天地君亲，就可俯仰无愧。"抬出"天地君亲"，颇有指天立誓之感，更让人感到说这句话的人坦荡荡的胸怀。

曾说"新闻就是求生存"的新闻界大佬王洪钧先生，向来是个乐观务实的人。有一回美国新闻自由调查团来访问，当时英文仍不甚灵光的王洪钧举手发问，事后却遭同学哄笑，但他不以为意。"我心中却认为只要他听得懂，我俯仰无愧。"做事自信满满的王洪钧始终相信，成功的先决条件是肯定自己。

人生有各种目标，每个人得扮演各种角色，如何算是完成？如何才能扮演得称职？我们无法对自己下评断，能自我要求的，唯有"俯仰无愧"了。

人之患,在好为人师

名句的诞生

孟子曰:"人之患¹,在好²为人师。"

——离娄章句上

完全读懂名句

1. 患:害处、短处、毛病。2. 好:去声,喜欢。

孟子说:"一个人最大的毛病,在于喜欢当别人的老师。"

名句的故事

孔子曾经说过:"自行束修以上,吾未尝无诲焉。"(《论语·述而》)只要弟子愿意学习,并准备简单的拜师礼物,孔子就愿意教诲他。孔夫子如此的"诲人不倦",甚至可以说他"好为人师"，为什么到了孟子的口中，"好为人师"就变成了"人之患"呢？

"人之患，在好为人师"的主角在于这个"好"字，之所以会"好"，症结始于"自以为是"的毛病，无关乎"能力"是否真正可以为人师。孔夫子当然不是因为收到学生的礼物，就决定收人家为弟子，而是重视弟子本身的好学态度，孔夫子的能力也实可以广收学生。但是，好为人师者，讲的是一个人不谦虚、自以为是、喜欢指导别人，用现代话来形容就是"半瓶水响叮当"。

朱熹在《孟子集注》中，引用王勉的话来诠释："王勉曰：'学问有余，人资于己，以不得已而应之可也。若好为人师，则自足而不复有进矣，此人之大患也。'"意思是说，求知、求学的目的在于丰富自我，不得已的情况下才拿出来应对他人，如果喜欢当别人的老师，则容易自我满足而不会求进步，这就是人的最大毛病了。因此，孟子这句话的意思其实是提醒我们，为学做人要保持谦虚的态度。

历久弥新说名句

清朝《廿二史考异》的作者钱大昕，写了一篇文章《与友人论师书》，便对"人之患，在好为人师"有所反省。他说："古之好为师也以名，今之好为师也以利。"意思是说，古人因为求名声所以喜欢当别人的老师，现代人（指清朝）则是因为利益所以喜欢当别人的老师。文章中，钱大昕自己也承认，年轻时也有追求名声的念头，后来便引以为戒，即使是有利可图，也不敢去做。

2001年香港的《苹果日报》刊登了一篇署名李怡的文章《跑步之喻》，内容提及董建华问台北市长马英九先生，为什么他的民调可以高达七成，当时有人开玩笑地替马市长回答说："多打篮球，多跑步！"作者李怡认为这是很有道理的。他说："在绝对权力的体制下产生的首长，难免会陷入柏杨所说的'三作牌'。'三作牌'就是'作之君，作之亲，作之师'，总是要做高高在上的'皇上'，做人民的长辈，做'人之患'，即'好为人师'。"李怡认为马市长常打篮球、常跑步，表现出与民众一样的生活作息，而非好为人师，他像是市民的朋友，因此才会得到如此高的民调。

在《慈济月刊》第385期中有这样一个小故事《泰雅族姆姆》。作者许礼安医师这样写道："所谓'人之患在好为人师'，以前总是自认为'我是医师'，听到有人叫'医生'，还有点觉得被贬低了地位。从事安宁疗护工作之后，才深刻体会到：在死亡面前，我什么都不是，病人才是老师，我只是学生。"不论你是什么样的"师"，你所面对的对象，才都是你真正学习的源泉，也是我们获得生命动力的来源。

今茅塞子之心矣

名句的诞生

孟子谓高子[1]曰:"山径之蹊间[2],介然用之[3]而成路。为间[4]不用,则茅塞之矣。今茅塞[5]子之心矣。"

——尽心章句下

完全读懂名句

1. 高子:齐国人,原为孟子的学生,后来因故离开。2. 山径之蹊间:径,小路;蹊,人走出来的小路。山径之蹊间,指山边的小路,宽度只容许一个人行走。3. 介然用之:介然,指意志专一不旁骛,在此延伸为"经常"之意。用,行走。介然用之,即常常去走。4. 为间:没多久。5. 茅塞:被茅草所塞住。

孟子对高子说:"山间小路,即便只容许一个人行走,只要常常去走,也会变成一条大路,但只要过一段时间没去走动,道路就会被芒草给塞住了。现在，茅草已经塞住了你的心了。"

名句的故事

此章乃是孟子劝高子求学要有恒心，绝对不可一曝十寒、中途而废。同样在《尽心篇》，孟子也说过类似的话，"有为者，辟若掘井，掘井九轫而不及泉，犹为弃井也"，意思是挖井挖得再深，没挖到泉水就放弃，这口井依然是一口废井。

从"今茅塞子之心矣"衍生的成语，则是意义相反的"茅塞顿开"。因为，如果没有"茅塞"，又如何"顿开"呢？于是有论者认为，儒家本身是一种"解蔽"之学，即为"解除蒙蔽之学"。

荀子也认为解蔽是学子的重要课程。但他特别指出，蒙蔽是多方面的，"欲为蔽，恶为蔽，始为蔽，终为蔽，远为蔽，近为蔽，博为蔽，浅为蔽，古为蔽，今为蔽"。于是学习与思考也必须多元化，才能破除各方面的蒙蔽。

然而，孟子这段话却也造成历史上一段著名的文字狱。作家金庸的先祖查嗣庭，在江西任考官时，便以此章作为考题之一，雍正皇帝认为是在说他坏话，以"讪谤文字"将他治罪，他因此死在狱中。不过，也有其他不同的记载，说查嗣庭出了文出《诗经》的"维民所止"，"维"、"止"被认为是砍掉"雍"、"正"的头，因此惹祸上身。

历久弥新说名句

　　孟子以山路来比喻人心，并主张唯有勤学不辍，才能不让自己的内心荒芜。在佛家禅宗历史上，神秀与慧能则以镜台来比喻内心。神秀写下此偈，"身是菩提树，心是明镜台，时时勤拂拭，勿使惹尘埃"。但慧能并不同意神秀的见解，颂下此一千古名偈，"菩提本无树，明镜亦非台，本来无一物，何处惹尘埃"。

　　神秀的说法与孟子相近，神秀认为心是明镜台，唯有时时将明镜台擦拭干净，不要使尘埃招惹本心，但是慧能此偈并未见性，强调顿悟，才能直接明心见性。因为两人主张不同，禅宗因此分裂成为南北两宗。

　　许多人都认为慧能的境界远远超过神秀，实际上每个人的根性不同，有人得靠顿悟，有人则得靠勤修才能渐悟，只有方法途径不一，并无高下优劣之别，否则将沦为不用努力的借口。

夫人必自侮，然后人侮之

名句的诞生

孟子曰："夫人必自侮[1]，然后人侮之；家必自毁，而后人毁之；国必自伐，而后人伐之。太甲[2]曰：'天作孽，犹可违；自作孽，不可活。'此之谓也。"

——离娄章句上

完全读懂名句

1. 自侮：侮是轻慢、伤害之意，自侮就是言行不检点而招来侮辱。2. 太甲：《书经》篇名，分上、中、下三篇。

孟子说："大凡一个人，必定是自己先有轻慢自己的行为，然后别人才会来侮辱；一个家必定是自己先不珍惜、自己先破坏，而后别人才会来破坏；一个国家必定是内部互相争斗攻打，然后他国才会乘机来攻打。《书经·太甲篇》说：'上天降下的灾祸，还可以逃避；自己造成的灾祸，那就不能活命了。'说的就是这种情形。"

名句的故事

　　孟子对于仁德的要求是很高的，他始终认为，一个言行不具备仁德的人，是无法和这个人讲道理的。他举出孔子的话为例，水清人家就用来洗帽子的丝带，水浊人家就用来洗脚，有这样的区别，都是水本身的问题呀。而一个人家不愿意和他谈论道理的人，也是他自己招致的问题，因为他本身的条件让人无法与他交谈。

　　所谓自重者人恒重之，一个人如果不先做出轻慢的行为，他人是没有机会可以侮辱他的；而家庭也是一样，如果自己先破坏了，别人自然不会珍惜；推而言之，一个国家一定是自己内部先混乱，才会让别的国家有攻打的机会。孟子还提出《书经》中的话来加强他的观点："天作孽，犹可违；自作孽，不可活。"意思是说，大自然给人们造成的灾害，人们尚能逃避而继续生存；但是人们自作的灾祸，却是无法逃避惩罚的。

　　这句名言的意义在于，祸福不仅是由人，而且祸福还是相生；祸与福皆由人本身的行为所造成；祸与福也是一体两面，互相依存的。孟子乃期勉为人君王必须谦冲为怀，抱持仁义，方能有明亮的眼睛，审时度势，顺天道而行，不致为自己的国家人民带来不必要的灾祸。

历久弥新说名句

晏敦复是晏殊的曾孙，宋朝的贤臣，与秦桧同时做官。按照规矩，随侍君王左右的侍从拜访宰相离开时，宰相应该送出门几步，但是晏敦复看到秦桧从没有送过。事实上晏敦复一直认为秦桧是"奸人相"，不是很愿意跟他同朝，常常告诉别人："人必自侮而后人侮之。"因此决定调离京城以外的地方，年71岁善终。（《宋史·晏敦复列传》）

清德宗时期的军机大臣文祥，负责总理各国事务，因此对于清廷当时的外交局势，颇感忧心，便上疏皇帝。文祥认为："夫人必自侮而后人侮之，物必先自腐而后虫生焉。"西方向清朝叩关的不仅是经济贸易、科学、政治体制，还有火药炮弹，如果不先自强，怎么能够抵抗外侮？就如同物体一定是先腐败了，所以虫才有办法侵蚀它。文祥又说："中国之有外国，犹人身之有疾病，病者必相证用药，而培元气为尤要。"（《清史稿·文祥列传》）文祥的话，表现出清朝中国人当时倚老卖老的自大心态，居然把外国人当做是疾病来看待，怪不得终至清末，都一直疲于"抵抗"。如果当时中国人不是把西方人当做"病"来抵抗，而是用接受、进而转化与吸收，或许中国的今天是别有天地的。

中国人民大学商学院传出要邀请港星周星驰担任兼职教授一职，校内声浪不一。其中该校哲学系博士生王达三便向访问他的记者表示"夫人必自侮，然后人侮之"，这是人民大学商学院的堕落。后来王达三写了一篇《大学、大师、大腕——谈周星驰兼职教授事件》刊登在《中国青年报》（2005年1月12日）上，他进一步强调，思想文化和学术知识是有一定的底线，并不是名人为所欲为的特权，因为"学有所长，术有专攻"，周星驰可以继续做明星和大腕，但是没资格做教授。

根据报载，周星驰踏入该校校园时，受到很多影迷的热烈欢迎，但是大家也搞不清楚周星驰能够在这个学校教些什么。甚至有人在报上提出"学校尊严"，对这件事情提出质疑。其实，不论是政治、学术或是自身，不论是哪个领域，都要抱持"人必自侮，然后人侮之"的座右铭，兢兢业业，才能获得自重与自强。

爱人者，人恒爱之

名句的诞生

孟子曰："君子所以异[1]于人者，以其存心也。君子以仁存心，以礼存心。仁者爱人，有礼者敬人。爱人者，人恒[2]爱之；敬人者，人恒敬之。"

——离娄章句下

完全读懂名句

1. 异：不同。2. 恒：总是。

孟子说："君子与一般人不同的地方在于，他内心所保存东西的不同。君子把仁保存在心里，把礼保存在心里。仁爱的人爱人，有礼的人尊敬人。爱人的人，别人也经常爱他；尊敬人的人，别人就经常尊敬他。"

修身养性

名句的故事

我们平常常听到的"爱人者人恒爱之,敬人者人恒敬之"一名言,就是出自孟子的口中。即使孟子身处战国这样一个"强凌弱、众暴寡、智诈愚、勇苦怯"的时代,他还是背着理想四处去传教,主张要爱人与敬人。

孟子认为,我们每个人都要以变成君子为自己的目标。君子是什么样子的人呢?他说:"假设有个人以粗暴蛮横的态度对待我,那么君子一定会先反省自己:我对他一定还有不仁或不礼貌的地方,要不然他怎么会这样对我呢?如果反省过后,自问是有做到仁、尽到礼的,但那人的粗暴蛮横依然如此,君子必定会再反省:我待他一定还没有尽心竭力。"

换言之,君子会想尽办法去爱人、敬人,长存爱人、敬人的心,并且不断地反省自己是否做到爱人、敬人。如果经过反复再三,确认自己的确有做到爱人、敬人,那么问题可能就不是出在自己,而是对方的问题了。然后,孟子说这时候君子就会说:"这不过是个狂人罢了。像他这样,同禽兽有什么区别呢?对于禽兽又有什么可责难计较的呢?"

孟子似乎常常把没有爱、没有仁、没有义理的人,比拟为禽兽,不知道这是不是骂人的话,不过还好孟子总是不断地鼓励、激励众人,人人都有机会可以变成尧舜,换言之,每个人都可以选择不变成禽兽。要在尧舜两位皇帝跟飞禽走兽之间做选择,相信没有人会选择后者的。

历久弥新说名句

英国的功利主义哲学家边沁曾说:"每一次遵从美德行事,纵没有增加快乐,也可减轻焦虑。"遵从美德行事,其实不仅仅只有减轻焦虑而已,甚者,还有机会可以得到天下。

"尧舜禅让"是中国历史上家喻户晓的名君让贤的故事。舜是具备了什么样的德行,使得尧能够将掌管天下的大权不传给自己的儿子而传给舜呢?答案就是舜遵从美德行事,孟子说:"爱人者人恒爱之,敬人者人恒敬之。"而舜却是别人不爱他,他依然爱人;别人不敬他,他依然敬人。

舜的母亲很早就过世,父亲瞽叟的新妻子生了一个儿子,名叫象。后母和象都很讨厌舜,想方设法要陷害舜,甚至连舜的亲生父亲瞽叟都受影响,也对舜恶行以待。一次,瞽叟叫舜修理仓房,等舜进去了,瞽叟居然就从外面放火焚烧仓房,还好舜及时从窗户逃走了。后来,瞽叟要舜挖井,等舜进入井底,象和瞽叟就用土把井填了,结果舜居然又大难不死,从另一边开了一条通道逃出来。但是象和瞽叟仍不知情,以为舜已经死了,都非常高兴。象对父亲说:"主谋是我,我愿意把舜的牛羊仓廪分给你,舜的妻子和琴归我享用。"象搬到舜的卧房居住,又弹他的琴。这时候舜进来了,象又惊慌又恼怒,说:"我正想你想得厉害啊!"舜说:"你若这样就太好了。"舜依然孝顺父母、友爱弟弟

如旧，就好像完全没发生过这件事情一样。(《史记》)

当尧年老时询问四方诸侯谁能接替帝位，四方诸侯便推举舜："他是个盲人的儿子。他的父亲愚昧，母亲顽固，弟弟傲慢，而舜却能与他们和睦相处，尽孝悌之道，把家治理好，使他们不至于走向邪恶。"由于舜是个平民百姓，所以尧也不敢贸然就将一个国家交给舜，于是尧把两个女儿娥皇、女英嫁给他，并让自己的九个儿子和舜共处，想从两个女儿的言行举止以及舜的待人处世态度来观察舜的德行。结果娥皇、女英不但诚心服侍仍以耕田种地为生的舜，而且完全没有天子之女骄傲怠慢的态度，对待舜和其他亲人都是谦逊恭敬，时时处处想着如何做好媳妇的责任。另外，尧的九个儿子在与舜的相处之中，变得更加敦厚慎行。

当舜到历山耕种时，历山的人变得非常大度，都能让出自己的田界；当舜到雷泽捕鱼时，雷泽的人也变得非常大方，都能让出自己的住所；当舜到黄河沿岸做陶器时，黄河沿岸出产的陶器则变得没有一件是粗制滥造的。尧看到舜不但能把家里的一切安顿得很好，又能感化妻子与周边的人，就确定了把天下交付给舜应该是一个聪明的选择。姑且不论，舜是否得到天下，他的"以仁存心，以礼存心"的精神确实颇令人动容。

天地无限

君子不怨天,不尤人

名句的诞生

孟子去¹齐。充虞²路问³曰:"夫子若有不豫⁴色然。前日虞闻诸夫子曰:'君子不怨天,不尤人。'"

——公孙丑章句下

完全读懂名句

1. 去:离开。2. 充虞:人名,孟子的学生。3. 路问:在道路上问。4. 豫:高兴的样子。

孟子离开齐国,他随行的学生充虞在道路上问:"老师您看起来很不高兴的样子。前几天我还听老师说过:'君子是不会怀恨上天,也不会责怪他人。'"

名句的故事

齐国是孟子心中最适合推行王政、效法周天子一统天下的诸侯国，但是却在"落花有意，流水无情"的过程中，对齐威王逐渐心灰意冷，最后选择离开。对于孟子这样有学问、有德行、有辩才的人，却遇不到真正的伯乐，或多或少都是落寞的神情，因此才会引起弟子充虞的误会。事实上，孟子仍保有君子"宠辱不惊"的修养，也确实是"不怨天、不尤人"。

"不怨天、不尤人"是出自《论语·宪问》，后来引申为"怨天尤人"，就是抱怨上天没有帮助他、别人没有帮助他。相反的，一个人遭逢困境，如果能检讨自己，不怀恨上天，也不责怪他人，这就叫做"不怨天、不尤人"。另外有一句成语叫做"怨天怨地"，怀恨天地、抱怨不休，这与"怨天尤人"是相通的道理。

孟子曾告诉他人，是他自己心甘情愿、不远千里来见齐威王，然而不受到知遇，他也是不得已的。事实上，孟子在远离齐国前，还在边界附近的昼城多住了三个晚上，等待齐威王回心转意。孟子说，齐威王始终没有追他回去，这才让他有不如归去的想法。所以，孟子是一个识时务的俊杰，不怨天、不尤人的君子。

天地无限

历久弥新说名句

  北京大学曾经破格录取一位"文学天才、数学白痴"的学生，名叫罗家伦，他也是"五四运动"的健将之一。罗先生写了一篇《运动家的风度》，被收录到国中的国文课本，主旨是教导学生"认识君子之争"。他说："有风度的运动家，要有服输的精神。'君子不怨天不尤人'，运动家正是这种君子。"罗家伦认为，输了只能怪自己不行，充实之后再卷土重来即可；别人赢了，心中应该佩服，如果因此怒骂别人，不但无聊而且无耻。这就是告诉我们，人要懂得"输得起"，不要把时间浪费在怨天尤人上，把抱怨的时间用来充实自己，才会有翻身的机会。

  赖建鹏在《福音杂志》上发表了一篇文章《感恩与赞赏》，他谈论道："能够向神感恩，向人表示谢意，是人类最美丽的情怀。"赖先生的这句话非常值得我们深思，以及反省。现代社会人际关系越来越疏离，有时候连一句谢谢都很吝啬，更何况是心中要怀抱感恩呢？

  赖先生进而举例一位曾被关进监狱18个月的神学家潘霍华（Dietrich Bon Hoeffer）。作者这样写道："他被关进了牢房，但他不怨天不尤人，却为看到在监房的庭院里有一只画眉鸟而感谢上苍。"我们知道看到画眉鸟对普通人而言，是多么小的一件事情，但是对于关在牢房中的人，可是件不容易的事。能够对这样的小事而感恩的人，其实是有福气的，因为他用的是上帝的眼睛来看全世界。

明足以察秋毫之末，而不见舆薪

名句的诞生

曰："有复[1]于王者曰：'吾力足以举百钧[2]，而不足以举一羽；明足以察秋毫之末[3]，而不见舆薪[4]。'则王许[5]之乎？"

曰："否。"

——梁惠王章句上

完全读懂名句

1. 复：陈述、报告。2. 钧：古代的重量单位，30斤为一钧。3. 秋毫之末：指细微难见的东西。毫，毫毛。毫毛的末端到秋天就更尖细、更小而难见。4. 舆：车子；薪，木材。5. 许：赞许、同意。

孟子说："假如有人来向大王报告说：'我的力量能够举得起3000斤的重物，但却拿不起一根羽毛；我的视力能够看得清秋天毫毛的末梢，可是却看不见摆在眼前的一车柴薪。'大王，您会相信他的话吗?"

宣王说:"当然不会相信了。"

名句的故事

由于以"君子远庖厨"一说博得齐宣王的信服,因此孟子得以再接再厉地将自己的论点与想法逐一道出。而这回,孟子与齐宣王讨论的重点继续围绕在"不忍之心"与"王道"的关联上。

明白自己具有"不忍之心"后,齐宣王自然要问及"不忍之心"与"王道"之间有什么关系存在。而此时,孟子便使用逻辑上的"归谬法",举出"能举起千钧重物的人举不起一根羽毛",以及"可以看到秋毫之末的人却看不见眼前的舆薪"这两种荒谬说法,让齐宣王自己亲口否定,然后再提及先前讨论过的"君子远庖厨"说法,让齐宣王明白,既然"不忍之心"都可以恩及禽兽,之所以无法将这种用心恩及百姓,这其中最大的问题在于:不为。也就是说,齐宣王不是做不到这件事,而是不愿做,或没有想到去做。

因此,孟子认为只要齐宣王可以将不忍听闻禽兽悲鸣声、不忍看到禽兽遭宰杀的"不忍之心"用于百姓身上,"王道"自然而然地便施行了,而四方百姓也自然愿意归来,天下自能一统。

如此巧妙的论述、如此切合实际的举例,确实让人叹为观止,也难怪齐宣王听得是心悦诚服。人们都说孟子善辩,由这个例子确实可看出个端倪。只是,如果今天孟子尚在,听到人们如此评论他,恐怕还是会拈须微笑地说着他那句千古名言:"予岂好辩哉,予不得已也。"

历久弥新说名句

孟子在讲道理时,很少使用空洞的说教方式,而是多采用形象化的比喻,就像此句中的"力举百钧"以及"明察秋毫",不仅浅显易懂、寓意深刻,并且也使聆听者容易接受。

在今天,"力举百钧"多被人用来形容人的孔武有力,自然,将之放在举重运动员的身上更是适合不过了,正因如此,所以每当有举重赛事时,"某某某力举百钧、独霸天下"、"某某选手力举千钧当仁不让"的说辞与新闻标题出现率也会特别高。

而"明察秋毫"这一句更成为后世通用的成语,有时人们也将其写作"明鉴秋毫",意思都是相同的。而最常被冠以这个美誉的,在古代则是"包公"、"施公"之类的清官,像《三侠五义》第四十二回中便如此形容包公:"不想相爷神目如电,早已明察秋毫,小人再也不敢隐瞒。"而在现代,则多用来称赞警调单位及法官的明辨是非、公正不阿,例如"检察官明察秋毫,被告人旧罪曝光"、"明察秋毫之末,细微处见证公正"等。

除了中国,其实在国外也有类似的说法:"be perceptive of the slightest"(洞察最容易被人忽略之处)。由此可见,无论古今中外,对"明察秋毫"的希冀,以及对司法公正的期盼,都被世人同等重视。

民归之，由水之就下，沛然谁能御之

名句的诞生

王知夫苗乎？七八月之间旱，则苗槁[1]矣。天油然[2]作云，沛然[3]下雨，则苗浡然[4]兴之矣。其如是，孰能御[5]之？今夫天下之人牧[6]，未有不嗜杀人者也。如有不嗜杀人者，则天下之民皆引领[7]而望之矣。诚如是也，民归之，由[8]水之就下，沛然谁能御之？

——梁惠王章句上

完全读懂名句

1. 槁：干枯。2. 油然：盛多的样子。3. 沛然：大雨滂沱的样子，又指大水澎湃、不能制止之意。4. 浡然：蓬蓬勃勃。5. 御：挡住、制止。6. 人牧：治理人民的人，意指国君。"牧"是由牧牛、牧羊的意义引申过来的。7. 引领：伸起颈项、伸长脖子，意指期待。

8. 由：同"犹"，好像、如同。

　　大王知道禾苗的情况吗？若七八月间适逢天旱，禾苗就会干枯。而一旦天上乌云密布，哗啦哗啦下起大雨，禾苗便又会蓬勃地生长起来。这样的情况，谁能够阻挡的了呢？现今各国的国君，没有一个不喜欢杀人的，如果有一个不喜欢杀人的国君，那么天下的老百姓都会伸长脖子期待着他。如果真能做到这样，那么老百姓归服他，就像是雨水向下奔流一样，又有谁能阻挡得住呢？

名句的故事

　　正当孟子费心地将人民比喻为流水，苦口婆心地继续着自己的"说客"工作时，我们必须知道的是，他此时说服的对象已然更迭，因为梁惠王已逝，而与孟子对话的人则是梁惠王之子梁襄王。虽然"革命尚未成功"，虽然梁襄王不像梁惠王那样虚心，但孟子依然努力，尽管这是他最后一次接受梁襄王的召见。

　　因为在这一回的对话之后，梁襄王接受了苏秦的建议，加入"六国合纵抗秦计划"，让自己的国家走向黄昏、走向灭绝。不过孟子或许对这个结果早有预见，因为在这次对谈之后，孟子显而易见地对这个新即位的君主并不抱太大的希望，因为他出门后对人说的第一句话竟是："望之不似人君，就之而不见所畏焉。"（梁襄王远远望去一点也没有人君的样子，就算走近了也没见有什么威严。）

　　这样形象生动、一针见血、入木三分的评价，几乎就将预告了梁襄王终将因自己短视的个性而尝到苦果,而梁襄王一张口便突兀地问孟子:"天下恶乎定?"(天下如何才能安定?)更给人一种不虚心、说大话的感觉。但尽管如此,孟子还是耐心地向他讲述了如何"定天下"的方法,这个方式其实非常简单:先统一天下,而不喜欢杀人的人方能统一天下。

这个道理看似荒谬,但如细思,会发现孟子所谓的"不嗜杀人者"也就等同于"仁者",而像"仁者无敌"这种论点,孟子早已多加阐述,追根究底,依然是以"仁心"行"王道"的延伸。

历久弥新说名句

孟子曾在许多地方,都拿"水之就下"作为比喻,除了这个主题所提及的"民归之,由水之就下",还有"人性之善也,犹水之就下也"。可见在孟子的观念中,只要是"自然而然"、"本该如此"的状态,都可用"水之就下"来作为比喻。

但其实由水的特性中悟出生命与人生哲理的人,并非只孟子一人。在孟子之前,孔子便曾发出"逝者如斯夫,不舍昼夜",也就是对人生有限、宇宙无限的感慨;孟子之后的荀子,也曾说出"君者,舟也,庶人者,水也。水能载舟,水能覆舟"的话,来阐明为政者与百姓之间的因果关系,与孟子的名句有异曲同工之妙,并用被后世的为政者拿来作为自省之用,而更多的,则是被政论家们用来对为政者及其所施政策的批评与警示。

除此之外,军法大师孙子更由水的流动形态中,悟出一套克敌制胜之道:"故兵无常势,水无常形;能因敌变化而制胜者,谓之神。"

　　看了这么多过去学者及哲人们因水而产生的深刻思想及言论,你是否也由其中得到某些体悟呢?或许此刻,你也可以试着思考水的特性,看看是否能得出一番对人生的新见解。

乐以天下，忧以天下

名句的诞生

乐民之乐者，民亦乐其乐；忧民之忧者，民亦忧其忧。乐以天下，忧以天下，然而不王[1]者，未之有也。

——梁惠王章句下

完全读懂名句

1. 王：音 wàng，使四海归服。

国君能以百姓的欢乐为欢乐，百姓也会以国君的欢乐为欢乐；国君能以百姓的忧愁为忧愁，百姓也会以国君的忧愁为忧愁。能以天下人的快乐为快乐，以天下人的忧愁为忧愁，却还不能够使四海归服，这是从来没有过的事。

名句的故事

一回,齐宣王将孟子请到了自己在郊外的别墅精心款待,招待之余,夸耀似地对孟子说:"我招待您到这样好的地方来,不知道您是否感到快乐与荣耀?而像您这样的贤者,喜欢这种享受吗?"

显而易见的,齐宣王的做法上是有些不明智,因为与孟子讨论了那么多回,他居然尚不明白孟子的个性,还为自己挖了个坑,让孟子有机会来对他说教,自然,免不了又受到孟子的一番"再教育"。

当时,孟子立即回答齐宣王的问题,并且一点不遮掩地说明自己确实也喜欢这样的待遇及享受;因为只要是人,都会喜欢这样的享受。只不过,如果只有君王及少数人才能有这样的享受,那么百姓们一定会有微词。而百姓们的微词虽是不对的,但错得更离谱的却是只懂自己享受的君王。因为真正好的、能一统天下的君王是会以百姓的忧愁为忧愁,以百姓的欢乐为欢乐,而如此一来,百姓们才会以君王的忧愁为忧愁,以君王的欢乐为欢乐。

孟子这一席话其实与先前跟齐宣王讨论"独乐乐不如众乐乐"的意涵一致,只是在角度上更为开阔,不仅提到"乐"的问题,也同时提到"忧"的问题。

所谓的"乐以天下、忧以天下",其实都是以百姓的福祉为出发点,与孟子一贯倡导的"民贵君轻"思想相吻合,毕竟如果人民个个怨声载道,社会无法安定,国家根本动摇,在这种连国家都快不复存在的情况下,君主的位置也没有任何意义了。

历久弥新说名句

或许我们对孟子的"乐以天下、忧以天下"不是那么熟悉,但我们对由这句话衍生出来的名句——"先天下之忧而忧,后天下之乐而乐"(宋·范仲淹《岳阳楼记》)一定是耳熟能详、倒背如流。

"乐以天下、忧以天下"表达的是一种"君民一体"、"同喜同忧"的互动精神,而"先天下之忧而忧,后天下之乐而乐"则注入了更强烈的"使命感"和"自我牺牲"、"奉献"的精神,较之孟子所言,更具有一种浓厚的"悲剧"意识。并且,孟子强调的主体是君王,目的是让君主"王天下",而范仲淹强调的主体是"个人",目的是"为民解忧"。

在中国历史上,不乏此类"以国家兴亡为己任"的英雄,例如明末抗清明将史可法,在豫亲王多铎领10万清兵围攻扬州城时本在外地,得知消息后冒死赶回,并与之激战12天,但终究不敌。而在扬州城沦陷前夕,史可法心痛之余写下了绝命书寄给母亲及妻子,并为了不让清兵伤及无辜百姓,毅然决然地挺身而出,终遭凌虐而死。而除了史可法外,像岳飞、文天祥等人,更是大家耳熟能详的民族英雄,并且至今仍被人歌颂。

正因为这些人是真正以天下为己任、以利民为宗旨，倾尽全部心力地想补救时弊，并且绝不为外物所动，因此再苦再难也不能动摇他们心中的信念，而这种"坚持"，是绝对值得后世的我们学习的。

其实，被强调要好好学习孟子与范仲淹所提出的"先忧后喜"精神者，除了政治家之外，还有军人们，像中国著名的军校"黄埔军校"曾经将"精诚团结"、"以国家兴亡为己任"列入教材中。

现在，你可以试着去思考，在现今的社会上，还有些什么样的人物可以称得上"乐以天下、忧以天下"，或者是"先天下之忧而忧，后天下之乐而乐"。

独乐乐,与人乐乐,孰乐?

名句的诞生

曰:"独乐乐[1],与人乐乐,孰乐?"

曰:"不若与人。"

曰:"与少乐乐,与众乐乐[2],孰乐?"

曰:"不若与众。"

——梁惠王章句下

完全读懂名句

1. 乐乐:第一个"乐"字指音乐,动词,是奏乐和听乐的意思;后一个"乐"则意指快乐。2. 少:少数人;众:多数人。

孟子问:"一个人独自欣赏音乐时的快乐,和与其他人一起欣赏音乐时的快乐相比,哪一种更为快乐呢?"

齐宣王说:"与其他人一起欣赏比较快乐。"

孟子又问:"与少数人一起欣赏音乐的快乐,和与多数人一起欣赏音乐的快乐相比,哪一种更为快乐呢?"

齐宣王说:"很多人一起欣赏比较快乐。"

名句的故事

庄暴是齐国的大臣,有一回齐宣王召见他,问了他一句:"我喜欢音乐。"由于不明白齐王的用意,因此庄暴不敢随意作答,只好沉默以对。而看到了庄暴的沉默后,齐宣王又追问了一句:"你对我喜欢音乐这件事有什么看法?"

身为臣子的庄暴有些左右为难,因此庄暴不得不赶紧求见孟子,一方面想明白孟子是否能由这段对话中揣摩出"上"意,二方面也希望孟子能教给他一个最适当的回答方式。但孟子却只回答了他一句:"既然齐王这么喜欢音乐,那么国家应该治理得差不多了吧。"

几天之后,孟子见到了齐宣王,并问及齐王是否有与庄暴讨论到音乐方面的事。齐宣王听到后,脸色有些不太自在,因为他担心身为一国之君不去关心国事却喜好音乐,不但有可能遭到舆论的挞伐,更可能会受到孟子的批评。

但孟子提及此事的本意自不是为此,而是抓住机会,又一次地借着音乐之事来宣扬自己的理念,小小地教育了齐宣王一回,告诉他什么才是一国之君真正的快乐。

在孟子的观念中,国君自然可以喜欢音乐,也可以喜欢田猎，但这个"喜欢"得出的"快乐"，必须是具有普遍性的，也就是不能只是君王一个人快乐，而是应连百姓也能分享到国君的快乐心情。

如果国家治理得不好，导致民不聊生、百姓叫苦连天，那么国君对某事、某物的喜好，只是一种自私的感官享乐，只会造成百姓的反感与不满。如果国家治理得好，整个国内和乐安康、歌舞升平，国君出门田猎或享受音乐之美时，百姓们自然可以因此感受到国家的富强、富足，并也因君王的身体强健而感到欣慰。

因此，能够"推己及人"的快乐，具有分享价值的"独乐乐不如众乐乐"的快乐，才是一个国君真正该拥有的快乐。

历久弥新说名句

当初孟子说出"独乐乐，与人乐乐，孰乐？"这句话时，虽然主要探讨的是"音乐"方面的问题，但其实这个"乐"却是具有概括与分享性的，也就是说可以普及至任一让人觉得"愉悦"的方面，并因此演变成为千古名言——"独乐乐不如众乐乐"。

人是群体的动物，因此"独乐乐不如众乐乐"所表达出的不仅仅是一种"分享"的观念，更是一种"无私"的价值观。在今天的社会中，时时可见人们引用此句，只是有时是直接引用，例如："独乐乐不如众乐乐，网络电台兴起，'播客'横空出世"、"独乐乐？与人乐乐？春节你怎么娱乐？"之类的新闻标题；而有的则是引申其意，就像某咖啡广告里那句"好东西要与好朋友分享"的经典台词。

但有趣的是,"独乐乐"这句名言在现今有时也因为对象与范围的不同,而产生了完全相反的说法,那就是"众乐乐不如独乐乐"。而何时会有所谓的"众乐乐不如独乐乐"呢?有人认为潜水至深海中与海底生物嬉戏是一例,有人则认为洗澡时高歌一曲也是一例。

今天,当进入到网络时代,"独乐乐不如众乐乐"这句话可说是最恰如其分地形容了"网络资源共享"的一种互助心态。但要注意的是,当我们在享受网络资源共享的时刻,也绝不能忽视了"版权"的重要性。

如水益深,如火益热

名句的诞生

以万乘之国伐万乘之国,箪食壶浆[1],以迎王师。岂有他哉?避水火[2]也。如水益深,如火益热,亦运[3]而已矣。

——梁惠王章句下

完全读懂名句

1. 箪:盛食物的竹器;食:食物;浆:水、酒。2. 水火:比喻害民的虐政。3. 运:回转。

以齐国这样一个拥有万辆兵车的大国,去攻打燕国这样一个同样拥有万辆兵车的大国,而燕国的老百姓却用饭筐装着饭、用酒壶盛着酒浆到路旁来欢迎大王您的军队,难道还有别的原因吗?不过是想摆脱他们那水深火热的日子罢了。如果您让他们的水更深、火更热,那他们也会立即转身而去寻找其他出路。

名句的故事

虽然在孟子的殷殷劝说下,齐宣王似乎有些体悟,在言语上也表示接受孟子的观点,但最后齐国仍与燕国交战,并且大败燕国于城下。

打败燕国之后,齐宣王又找来了孟子,问说:"打败了燕国之后,有人劝我占领它,也有人劝我不要占领它,先生您说如何是好?"在木已成舟的情况下,孟子自然知道再多费口舌讨论战争是如何戕害百姓也没有任何作用,因此一方面先给齐宣王戴个高帽,声称既然燕国百姓是夹道欢迎齐王军队的到来,必定是因为原来的君王过于暴虐,而另一方面,孟子依然没忘记来个机会教育、警告齐宣王,若不好好善待百姓,那么燕国的百姓们有一天一定也会因再度唾弃暴政而转身离去。

或许有些人会觉得狐疑,认为一贯反对"霸道"、反对战争的孟子为何会支持齐宣王进占燕国,并且还说得如此冠冕堂皇。但其实,这里正显现出孟子的"通变"之道。因为既然齐王都已打败燕国,燕国国君也确实暴戾、荼毒百姓,因此本着与"杀一夫而非弑君"的相同思想,孟子同意符合"正义"的"圣战",就像是齐宣王曾说自己有好色、贪图享受、好勇等诸多毛病,但孟子还是将其视为小事,毕竟与那些真正残暴的君主比起来,齐宣王还算是"孺子可教",看样子"大处着眼、小处马虎"的道理,孟老夫子还是深懂个中三昧。

历久弥新说名句

自孟子"如水益深,如火益热"此句一出,由它衍生出的"水深火热"这句成语,便成为中国千百年来形容暴君荼毒百姓,致使百姓活在痛苦不堪的情境中的一个生动譬喻。在英文中有一个相似词语"extreme misery"(极度的痛苦),也是泛指"水深火热"之意。

本来"水深火热"所表达的情境是毋庸置疑的,与"水火倒悬"相似,而与"海晏河清"、"安居乐业"相反。当人们要表达生存环境的不堪、描述生活的苦痛,以及形容所处情境的尴尬时,"水深火热"绝对是一个使用率极高的成语,例如:"网咖产业在'水深火热'中挣扎"、"股票市场水深火热,监管层为何见死不救"等,可使用的范围相当广泛。

而除了这些正规的使用方式之外,人们也开始利用字面上的意思来做文章,而使得"水深火热"这四个字开始有了不同的意涵。例如一则讲述上海同时遭受热浪及暴雨双重袭击的新闻,标题便定为:"水深火热,上海七死逾四十伤",真可说是一语双关、妙不可言。

天时不如地利,地利不如人和

名句的诞生

天时¹不如地利²,地利不如人和³。

——公孙丑章句下

完全读懂名句

1. 天时:对战争有利的时机或气候。2. 地利:对攻守有利的地理形势及条件。3. 人和:深得人心,团结一致。

有利的时机和气候不如有利的地势,有利的地势不如人的齐心协力。

名句的故事

孟子虽然不好战,但面对战争问题时,也有自己独特的见解,此处他所讲的"天时、地利、人和",便是打赢一场战争的几个关键问题。在孟子的想法中,时机和气候的有利,不如有地势的有利,而地势的有利,又比不上众人的齐心协力。

所谓"地势"的有利,就是指一个能拥有三层内城墙,以及七层外城墙的城池。而所谓"天时不如地利",指的则是就算敌人抢占了好时机,或是趁好天气之日来攻城,但面对着如此固若金汤的城池,就算四面强攻,也着实很难攻破。

而"地利不如人和",讲述的则是另外一种情况:城池的城墙不是不高,护城河也不是不深,兵器和甲胄也非老旧驽钝,粮草更不是不够充足,但此城最终还是被攻破,而被破城的主要原因是由于军士及百姓的信心不够,无法团结一致共同退敌,以致最终选择了各自弃城而逃。

借由这个推论,孟子讲述了两层重要的道理,一则警示了在上位者应将"得道者多助,失道者寡助"之理深藏于心,二则表明了只要国家中的每个个体都能共体时艰、一致对外,必能不战则已,战无不克。

自然,孟子此说并不是由"兵法"的角度上入手,讨论的依然是"人心"的问题。但再高明的兵法,也必须交由人去施行,若施行者只是一群民心溃散的军士,那就算孙子再世也恐怕也只能徒呼奈何了。

历久弥新说名句

天、地、人三者的关系问题古往今来都是人们所关注的。

《荀子·王霸篇》中曾说："农夫朴力而寡能，则上不失天时，下不失地利，中得人和而百事不废。"在这里，荀子所指的"天时"指的是农时，"地利"指的是土壤肥沃，"人和"则是指人的分工。

到了孟子之时，所谓的"天时"指的是尖兵作战的时机、气候等；而"地利"是指山川险要、城池坚固；"人和"则指人心所向、内部团结等。

可以这么说，荀子是由"农业生产"的角度来论述"天时、地利、人和"的问题，并且他也没有区分这三者之中重要性的先后，而是三者并重，缺一不可。孟子则不同，他主要是从"军事"角度来分析论述"天时、地利、人和"之间的关系，并且还明白无误地指出在这三者之中，最重要的是人和。

到了今天，再谈起"天时、地利、人和"时，大部分的人皆将这三者视为"成功"不可缺的要素，并且人们普遍认为，只有在这三个要素完全发挥作用时，成功才会来到眼前。而事实上，在国外也有类似的语句："An ounce of luck is better than a pound of wisdom."（聪明才智，不如运气。）只不过在这里，对于运气的看重更甚于一个人的聪明才智。

2004年奥运"跆拳道"金牌选手陈诗欣在接受某女性杂志采访时，曾经这样说过："对不再比赛的我而言，奥运是个美丽的回忆，当我在颁奖台上把手放下的那一刻，我就告诉自己，我还是陈诗欣，一切没有不同。我觉得自己很幸运，成功是天时地利人和，对荣耀抱持平常心。"虽然谦和地将自己"前无古人"的好成绩归功于"天时、地利、人和",但陈诗欣荣耀背后的努力与奋发、心酸与泪水,也绝对是真实的存在。

就像前人所说:"机会永远只留给准备好的人。"由这个例子看来,我们若真的希望在某一个方面获得成功,个人的努力是绝不可被忽略的。

一日暴之，十日寒之

名句的诞生

孟子曰："虽有天下易[1]生[2]之物，一日暴[3]之，十日寒[4]之，未有能生者也。"

——告子章句上

完全读懂名句

1. 易：容易。2. 生：生长。3. 暴：是"曝"的本字，指在日光下曝晒。4. 寒：冷冻的意思。

即使是天下最容易生长的生物，放在太阳底下晒一日，却又接连地冻个十日，在这样的状态下，不可能有植物能够生存、生长的。

名句的故事

春秋战国时期，知识发展很蓬勃，因此也就衍生许多教人如何念书学习的励志文章。儒家在关于"如何学习"这方面也颇有心得，除了开山祖师爷孔子提出很多精湛的关于教育的看法外，孟子也继承了他的遗志，当起"孟老师"，每日谆谆教诲起来。

大致上，孟子是有当老师的天分的，因为他擅用各式各样新奇、有趣的比喻；或挖苦、反讽的方式，来表达他的主张。而本篇名句之时代，孟子的受教学生据说是齐王。

有一天，喜欢管人闲事的人跑去找孟子，半嘲笑地说："看来你这个老师也不怎么样吧？齐王受教之后还是跟从前一样笨！"孟老师听完既不气喘也不脸红（不怒不火），而是娓娓说道："大王的笨，没有什么好奇怪的。纵使是天下最容易生长的植物，可是你把它在阳光下晒了一天，就又让它挨冻十天，它哪里还活得成呢。"

孟老师继续说："而我和大王之间就是这种情况，我们两人相见的时间太少。我一离开大王，那些'冻害'他的奸邪之人就立刻跑来，即使大王有一点善良之芽刚刚萌发，也不稍刻就被他们冻杀了，我能怎么办呢？"这抗辩是不是挺有说服力的？还没完呢，孟子接着又举例："又好比下棋，虽然只是一个小技艺；但如果不专心致志地学，也是永远学不会的。像弈秋是全国有名的下棋高手，今天叫他同时教导两个人下棋。其中一个专心致志,非常认真地在听弈秋的指导;另一个虽然也在听,但心里面却老是又想着如果大鹏鸟飞来的时候要如何张弓搭箭去射击它。结果后者的射艺大不如前者,是因为他的智力不如那个人吗?答案很明显:当然不是。"

孟子反复地举例,就是要说明,做事要认真、持之以恒,"做一天、休息十天",是永远别想成功的。而后人则将孟子所说的"一日暴之,十日寒之",简化为"一曝十寒"这句成语,用来比喻修学、做事没有恒心。

历久弥新说名句

毛泽东曾说:"贵有恒,何必三更眠五更起;最无益,只怕一日暴十日寒。"一曝十寒就是如俗语所说的"三天打鱼,两天晒网",努力少,荒废多,成功将变成不可能的任务。因此,贵在坚持,在有恒心。逆水行舟,不进必退。

不但凡人必须努力,就算仙人也是没有不劳而获的。宋元丰年间(西元1078—1085年),江南地方发生大洪水,山洪横流,沟壑暴溢。几个渔人看到一截尺余长的浮木在河面飘来荡去,于是几人联合将浮木捞起,却发现浮木非木而是人,而且是大活人。

那人身上的衣服已经朽烂,但身体不仅完好无缺,了无伤痕,而且肌肤青白如玉,双眼瞳仁炯炯有神。只见他眨了一下眼睛,打了哈欠,伸了伸懒腰,仿佛刚刚睡醒一般。"现在是嘉祐几年?"是这奇人开口的第一句话。

旁人便告诉他,仁宗早已在嘉祐八年(西元1063年)逝世,他的儿子英宗也过世了,现在是他的孙子神宗,号"元丰"。那人听后,长长地叹一口气道:"唉,我这一觉睡得好长啊。"并娓娓道出他的故事。

原来这人是一个商人,经商失败后的一天,他遇见两位道人,道人惊异地看着他说:"你风标清奇,有方外之趣,你呀,可以修仙学道。"于是,他就尾随二位道人一起到了江南茅山。到了茅山,他们住在一个洞穴中,二位道人天天向他传授如何修道成为神仙之术。直到他学习到一半,二位道人告诉他说:"我二人有事远行。我俩走后,你要继续修持,勿惰勿畏,戒躁戒骄,融神寂虑,定有所成。"说完,二道人就化做两股清烟飞去。

自此,他就居于岩洞之中,茫茫然不知天地之变,物换星移,人世间的喜怒哀乐、汲汲营营也完全远离他的洞穴。"没有想到,我刚刚一觉醒来,竟有你们诸位在我身边。"

大家听了非常惊奇,就为他设置斋室、馆舍,把他当做神明一样供奉祭拜、日奉素果。当地的百姓,甚至官员,听到传言也纷纷赶来造访拜谒,探求命运之机。甚至还有外地人慕名远道前来。

但是这位"半仙"其实修炼仍未成果,也尚未能参透玄机,但随着声望日高,竟也就把自己当成"活神仙"。开始时,他仅稍取一些供果食物来吃,渐渐的所有馈礼宴席都来者不拒,供奉的衣衾钱帛也是坦然接受。他本来就是钻营钱财的商人,至此贪婪的欲望又死灰复燃，大肆放纵耽溺肉体之乐，渐渐变得满脑肠肥、痴呆迟钝起来，所谓的"活神仙"最后竟是因血压太高而一命呜呼哀哉，只留下一旁错愕的凡人。有位老人就叹息道："纵有仙根，亦须修炼。此人不思进取，背叛师教，终致累年之养，损之俄顷之间。惜哉！"

顺天者存,逆天者亡

名句的诞生

孟子:"天下有道,小德役[1]大德,小贤役大贤;天下无道,小役大,弱役强。斯二者天也,顺天者存,逆天者亡。"

——离娄章句上

完全读懂名句

1. 役:服事。

孟子说:"天下有贤明君主行道的时候,德性小的诸侯听命于德性大的诸侯,才能小的诸侯听命于才能大的诸侯;天下混乱无道的时候,小的国家听从大的国家,弱小的诸侯听从强大的诸侯。这两种情况都是天理,顺应天理的就生存下来,违背天理的就自取灭亡。"

名句的故事

孟子是拐个弯来说明执政者掌握了仁德便掌握了天道,天下人就会自动归顺。他先举例春秋时代齐景公非常感慨自己处于必须听命他国的无奈,所以只好把女儿嫁到吴国去。就孟子的观点而言,齐景公嫁女儿就是顺应天道,弱国听命于强国,是很自然的天理,如果齐景公违背了这个道理,恐怕就会为自己的国家招来杀戮。

孟子接着又提出《诗经》的记载,由于天命已经转移到周朝了,所以商朝的子孙也不得不归服周朝;而天命转移到周朝,是因为天命是归向有德的人。孔孟咸以为,一个君主只要好仁德,天下就没有人能胜过这位君主。顺应天命、天道,是儒家很重要的主张,天命、天道的变化,就是历史的演进、时势的变化,对抗这种局势的,便是自取灭亡。

其实荀子也说:"天行有常,不为尧存,不为桀亡。应之以治则吉,应之以乱则凶。"(《荀子·天论》)天运有它一定的轨道,不为他物所干涉;但是人世的吉凶祸福,会因为人们对天道抱持的态度,而有所改变;依应天时秩序则得福,破坏则得祸。又例如管仲也有说过:"顺天者有其功,逆天者怀其凶。"(《管子·形势》)可见先秦诸子对于天道的顺应,都有共通之处。

历久弥新说名句

话说刘备前去拜访卧龙诸葛孔明的途中，先遇到了孔明的朋友崔州平，刘备向他说明，来找孔明是为了寻求安邦定国之策。岂料崔周平回答，即使找到孔明也不见得可以挽回乱世之局，他说："顺天者逸，逆天者劳；数之所在，理不得而夺之；命之所在，人不得而强之乎？"看来崔州平深信历史自有其规律，人无法强求（《三国演义》第三十七回）。而当孔明的老师水镜先生知道自己的学生出仕刘备时，也深感孔明"得其主却不得其时"。这个"时"对中国人来说异常重要，因为它关乎天命所在处。"不得其时"或许让人深感扼腕，但，这或许就是上天的安排吧。

奇美电子董事长许文龙先生在担任总统府资政一职时，曾在总统府的网站上发表一篇《身后事，自然事》。许先生说他对自己的身后事"坚持以环保、回归自然"，而且"不造墓、不做像"，主张被火化之后，随处可撒骨灰，以回归自然。许先生的想法是来自于对SARS事件的反省，他思考人与自然的共存法则、人类之于大自然的破坏，再想想中国人的"风水观"，死人与活人争地，只是加速对郊区、山区的破坏与干扰。因此他呼吁大家以"顺天者昌、逆天则亡"的态度，善待大自然，并留给后世一个适宜的生存环境。

证严法师为了南亚地震海啸的援助活动，发表一封祝福函。他说："行善不能等，善就是福，一善一福就能破灾难。"又说：

"世间之所以有天灾人祸，就是因为人间缺少了善与爱，此即'顺天者生，逆天者亡'的自然法则。"（2004年12月28日证严上人祝福函）因为天是慈悲的、善良的，发挥这两种力量，就是顺天，自然得到破除灾害、获得生存的力量。证严法师之前就屡屡强调"敬畏天地就会畏惧因果"，因为知所敬畏，就懂得去恶行善、顺应天道，就能为世界带来平安、吉祥。

今之为仁者,
犹以一杯水救一车薪之火也

名句的诞生

孟子曰:"仁之胜¹不仁也,犹²水胜火。今之为仁者,犹以一杯水,救一车薪之火也;不熄³,则谓之水不胜火。此又与⁴于不仁之甚者也。亦终必亡而已矣!"

——告子章句上

完全读懂名句

1. 胜:赢。2. 犹:如同。3. 熄:火熄灭。4. 与:助。

孟子说:"仁战胜过不仁,就像水可以胜过火、灭掉火一样。但如今一些执行仁道的人,就像用一小杯子的水却想去浇灭一车木柴所燃起的大火一样;火灭不了,就说水不能战胜火。而这样的说法,正好大大助长了那些不仁之徒,使得原本所剩无几的仁道,也必将荡然无存。"

名句的故事

孟子在当时肯定是一个很出色的老师或演说家,因为他常常用很多生动的比喻,来述说高深的道理,所谓"言浅旨远"。而且他所创造的许多比喻,都很传神,因此被后人流传下来,成为惯用的成语。例如本篇名句,就是成语"杯水车薪"的原始版本。

孟子肯定也继承了孟母三迁式的努力不懈、爱拼才会赢的精神,因此他主张一件事情如果失败,肯定是努力还不够、认真还不够。当然他不会讲得这么单调,他使用了水灭火来做比喻:"仁跟不仁的关系,就像水跟火的关系一样,水可以战胜火,而仁也一定会赢过不仁的。但是如果只用一小杯水就妄想要灭掉一车子的柴火,这样当然是会失败的。"

接着,孟子话锋一转,回到仁的主题,说:"有些行仁道的人,只努力了一点点,就说仁道是战胜不了歪道的,这种说法,就跟看到水灭不了火,就说火是胜过水的一样荒谬。"

这就是有名的"杯水车薪"的原始版本。形容所需要的跟所提供或所付出的相差太远,而无济于事。这句话现代人还是常用到,可见孟子的创造力与想象力是受到大家所欣赏的。

历久弥新说名句

"杯水车薪"意指力量微小、无济于事。但是力量微小是否就一定是一事无成、注定失败呢？可不尽然，历史上以小胜大、以寡击众的故事，并非没有。

几乎统一北方的前秦皇帝符坚，率领了 90 万大军，准备南下攻伐东晋，而东晋这边却只凑得出 8 万精兵迎战。符坚派了一位名叫朱序的人去向晋军劝降。朱序到晋营后，不但没有劝降，反而向晋军统帅谢石密报了秦军的情况。他说："秦军虽有百万之众，但还在进军中，如果兵力集中起来，晋军将难以抵御。现在情况不同，应趁秦军没能全部抵达的时机，迅速发动进攻，只要能击败其前锋部队，挫其锐气，就能击破秦百万大军。"

谢石起初认为秦军兵力强大，打算坚守不战，待敌疲惫再伺机反攻。听了朱序的话后，觉得很有道理，便改变了作战方针，决定转守为攻，主动出击。由于秦军紧逼淝水西岸布阵，晋军无法渡河，只能隔岸对峙。谢玄就派使者去见符融，用激将法对他说："将军率军深入晋地，却紧逼河岸布阵，这难道是想决战吗？如果你把阵地稍向后退，空出一块地方，让我军渡过淝水，双方一决胜负如何？"

秦军诸将都表示反对，但符坚却认为可以将计就计，让军队稍向后退，待晋军半渡过河时，再以骑兵冲杀，这样就可以取得胜利。符融对符坚的计划也表示赞同，于是就答应了谢玄的要求,指挥秦军后撤。但秦兵士气低落,结果一后撤就失去控制,阵势大乱。谢玄率领8000多骑兵,趁势抢渡淝水,向秦军猛攻。朱序则在秦军阵后大叫:"秦兵败了!秦兵败了!"秦兵信以为真,于是转身竞相奔逃。前锋的溃败,引起后续部队的惊恐,也随之溃逃,形成连锁反应,结果全军向北败退。(《晋书》)

这一战,便是历史上著名的淝水之战。虽说"杯水车薪"很难救得了火,但是若能够出奇得当,制胜也不是不可能的事情。

禹以四海为壑

名句的诞生

白圭曰:"丹¹之治水²也,愈³于禹。"孟子曰:"子⁴过⁵矣。禹之治水,水之道⁶也。是故禹以四海为壑⁷,今吾子以邻国为壑。水逆行⁸,谓之洚水⁹。洚水者,洪水也,仁人之所恶¹⁰也。吾子过矣。"

——告子章句下

完全读懂名句

1. 白圭:名丹,字圭。战国时周人,曾在魏国做官,擅长经营与贸易。2. 治水:整治河水。3. 愈:胜过。4. 子:你。5. 过:错误。6. 道:通"导",引导、指引。7. 壑:山沟、水坑。8. 逆行:倒流。9. 洚水:洪水。10. 恶:憎恨、讨厌。

白圭说:"我治水的方法胜过大禹。"孟子说:"你错啦。大禹治水，是顺应水势疏导，将洪水导入大海，把大海当做蓄水场。现在你却是把邻国当做蓄水池。倒流泛滥的水叫洚水，洚水就是洪水，是有良心的仁人最讨厌的。你真是搞错啦！"

名句的故事

战国时期，黄河的水患问题很严重。《孟子》一书中，提到治水就有11次之多。秦始皇甚至将黄河改名为"德水"，希望黄河可以从此温驯顺畅不再泛滥危害百姓性命。魏国有个著名的大臣白圭，不仅是个投机取巧的大商人，也是个水利专家。当时魏和齐赵是以黄河为界的，赵魏两国的地势较高，齐国的地势比较低下。因此黄河泛滥时，齐国所遭受的灾害就比较严重，于是齐国就沿着黄河岸边建筑了一条长堤防，以防止黄河的泛滥。自从齐国沿黄河筑了长堤防之后，黄河发狂的水流就转冲向魏赵两国去。自以为聪明的白圭就也下令沿黄河建筑一条更高的长堤防，并且沾沾自喜地向孟子吹嘘说："我治起水来可比大禹还厉害呢！"

孟子听完，立刻毫不客气地吐槽说："你有没有搞错啊！人家大禹治水的方法可都是经过审慎思考、长远规划的，顺着水势，将水流疏导至大海。而你却只是图一时之方便，用筑堤挡水的办法让洪水流到别国的土地上，造成泛滥，根本不顾他人的死活。这种事根本是任何有良知的人所厌恶不屑做的。而你居然还以为自己很厉害，这也错得太离谱了吧！"

被孟子吐槽之后，不知道白圭的反应是如何，不过这段话的故事倒是因此流传下来，并浓缩成一句成语："以邻为壑"。人们用这个成语比喻只图自己利益，而把困难和祸害转嫁给别人的行为，简言之，就是损人利己。而后来齐桓公大会诸侯于葵丘时，所签订的盟誓当中，也有特别提到"无曲防"或"毋曲堤"的协议，以禁止这种损人利己的行为。

历久弥新说名句

清朝末年，黄河泛滥决堤高达数十次，其为祸之烈，厥为历代之最。事后调查结果证明，其泛滥决堤原因，竟是河道总督诸僚属为了满足贪婪私欲，而丧尽天良利用人为方法加以溃堤，俾借此中饱滥用修堤费用，以及克扣抑留赈款。当时民间即有谓："治河及防洪之最佳善策，就是将职司治河的官吏，全部枭首……"

即使身处现代文明的台湾也做过"以邻为壑"的事情，将自己的核废料倒在兰屿岛上，而引起兰屿居民血泪的抗议。即使小老百姓也是每天都在做把自己的快乐建立在别人的痛苦上之事，君不见我们每天津津有味地高谈阔论着某某名人的绯闻丑事，被狗仔队骚扰的当事者可能痛不欲生，但众人却仍是一派谈笑风生。

"损人利己"的剧码天天上演，"爱人如己"的插曲也不是没有。十四世纪初，奥地利的利奥波德将军率领军队攻打瑞士索洛图恩城，他在阿勒河畔包围了这座城。瑞士人十分勇敢，无论敌人怎样威逼、利诱，都不投降。后来，利奥波德下令在阿勒河上搭了一座桥，想从桥上进攻索洛图恩城。

但是这座桥搭得并不牢固。一天，桥突然断了，正在过桥的奥军士兵纷纷落水。见此，瑞士人争先恐后跳下河去，把落水的奥兵一个个拖上岸来。奥兵起初十分害怕，担心自己落在敌人手里，不会有好下场。谁知，瑞士人不仅没有惩罚他们，反而让他们进城休息、吃饭，随后把他们全部放了回去。

瑞士人的做法让奥兵十分感激。这事在奥军中传开了，奥国士兵再没人愿意和瑞士人作战。利奥波德只好带兵离开。

毛泽东曾在写给朋友的信上说："世界上有三种人，损人利己的，利己而不损人的，可以损己以利人的。"大家有空的时候可以测验一下，自己是属于哪一种人。

齐人有一妻一妾

名句的诞生

　　齐人有一妻一妾而处室者。其良人[1]出,则必餍[2]酒肉而后反。其妻问所与饮食者,则尽富贵也。其妻告其妾曰:"良人出,则必餍酒肉而后反,问其与饮食者,尽富贵也。而未尝有显者来。吾将瞷[3]良人之所之也。"蚤[4]起,施[5]从良人之所之,遍国中[6]无与立谈者,卒之东郭墦[7]间之祭者,乞其余。不足,又顾而之他。此其为餍足之道也。其妻归,告其妾曰:"良人者,所仰望而终身也。今若此!"与其妾讪[8]其良人,而相泣于中庭[9]。而良人未之知也,施施[10]从外来,骄其妻妾。

　　由君子观之,则人之所以求富贵利达者,其妻妾不羞也而不相泣者,几希矣!

——离娄章句下

完全读懂名句

　　1. 良人:古代妇女对丈夫的称呼。2. 餍:音yàn,饱。

3. 瞷：音 jiàn，窥视。4. 蚤：同"早"，清晨之意。5. 施：音 yí，斜行，这里形容斜从跟随，以免被人发现。6. 国中：都城中。7. 墦：音 fán，坟墓。8. 讪：讥诮、讥骂。9. 中庭：庭中。10. 施施：得意扬扬的样子。

齐国有一个人，家里有一妻一妾。那丈夫每次出门，必定是吃得饱饱地、喝得醉醺醺地回家。他妻子问他一道吃喝的是些什么人，据他说来全都是些有钱有势的人。他妻子告诉他的妾说："丈夫出门，总是酒醉饭饱地回来；问他和些什么人一道吃喝，他说来全都是些有钱有势的人，但我们却从来没见到什么有钱有势的人物到家里面来过，我打算悄悄地看看他到底去些什么地方。"第二天早上起来，她便尾随在丈夫的后面，走遍全城，没有看到一个人停下来和她丈夫说过话。最后他走到了东郊的墓地，向祭扫坟墓的人要些剩余的祭品吃，不够，又东张西望地到别处去乞讨；这就是他酒醉肉饱的办法。他的妻子回到家里，告诉妾说："丈夫是我们仰望而终身依靠的人，现在他竟然是这样的！"于是二人在庭院中咒骂着、哭泣着，而丈夫尚不知情，得意扬扬地从外面回来，又跟他的妻妾们大肆吹嘘起来。

在君子看来，人们用来求取升官发财的方法，能够不使他们的妻妾引以为耻而共同哭泣的，是很少呀！

名句的故事

这出孟子所道辛辣幽默的讽刺剧不知道是否是真实故事，因为它实在描写得太过逼真与惟妙惟肖。这位"齐人"已经成了一个很有名的人物，所谓"齐人之福"，指的就是这位同时拥有两个老婆的人。

齐人为了在妻妾面前摆阔气、抖威风，自吹每天都有达官贵人请他吃喝，实际上却每天都在坟地里乞讨。孟子为我们勾勒了那个时代不择手段去奔走于诸侯之门，求升官发财的人，他们在光天化日下冠冕堂皇，自我炫耀，暗地里却行径卑劣，干着见不得人的勾当。

然后，齐人对自己所过的两面人生活还觉得沾沾自喜、不觉得羞耻，就算世风日下、道德败坏，但孟子认为还是有人得仍保有羞耻之心，而这个任务就由齐人的老婆们来负责，妻妾发现了他的秘密后又咒骂又哭泣、痛苦不堪。这个安排对丈夫是双重污辱，连自己的老婆这样的女流之辈，都懂得什么是丢脸而不愿意做的事情，身为一家之主的丈夫却反而连自己的老婆都不如。

也不知道这样必须到墦间乞食的男人，为什么还可以娶养得起两位老婆。不过后人似乎大部分都忘记齐人的丢脸事迹，而只记得他娶了两个老婆这件事，因此而有"齐人之福"的成语流传下来，不知道孟子若知后人的创意解读，是否会觉得"齐人之福"的说法污辱了他的浩然之气？

历久弥新说名句

享有"齐人之福"的不只有齐人，还有拔一毛以利天下也不为的"杨朱"也是。一日，杨朱去见梁王，夸夸而言治国之道就好像翻手掌一样容易。谈得正慷慨激昂时，梁王突然笑笑地说："听说先生家里有一妻一妾，两人经常争风吃醋大打出手，你的脸也常因此而挂彩。才两个老婆都管不了，怎么来管天下的众人呢！"（《列子》）

不过不是每个人的老婆都像杨朱的老婆那样丢老公的脸，历史上也有像齐人一样丢老婆的脸的丈夫。春秋时任齐国丞相的晏子有一个马车夫，这个车夫总是目光向上、骄傲自满，有一天车夫驾车从他家门经过，被他的妻子瞧见他的得意扬扬，回家后他的妻子生气地要求要和他离婚。马车夫一头雾水、丈二金刚摸不着头脑，询问妻子为什么要离婚。老婆回答说："晏子身不满六尺，贵为丞相却谦恭自重，你身长八尺，只是当一个车夫，但却是趾高气扬、得意非凡，作为你的妻子，我真感到丢脸！"马车夫听完，羞愧不已，深切反省自责。尔后，晏子看到自己的车夫近来举止改变很多，就询问他什么原因，车夫老老实实将妻子的教诲说了一遍，晏子听完之后，便向齐王推荐车夫做齐国的大夫。

同为齐人，不知孟子的齐人下场如何？不过，由两个齐人的故事，我们可以知道，虽然中国传统社会重男轻女，但是仍是有许多优秀聪明的女性是巾帼不让须眉，非常具有礼义廉耻之心的。

君子不以天下俭其亲

名句的诞生

吾闻之:君子不以¹天下俭²其亲。

——公孙丑章句下

完全读懂名句

1. 以:因为、为了。2. 俭:节省、省下。

我曾听说过:君子不因为天下大事,而俭省原本就应该用在父母身上的钱财。

名句的故事

孟子在齐国时,随行的母亲去世,孟子便从齐国将母亲的遗体运回鲁国安葬。

葬礼结束后的某一天，孟子的学生充虞上门求见孟子，说："前些日子承蒙老师您不嫌弃我，让我处理老夫人的棺椁之事。但由于当时老师您太忙碌，因此我在处理之时，虽然心中有些小小的疑问，却不敢来打扰您。而现在，我很冒昧地请教老师：老夫人的棺木是否用得太贵重了一些？"

对于充虞的疑问，孟子是如此回答的："上古对于棺椁用木的尺寸并没有规定；中古的时候规定棺木必须厚七寸，椁木则以与棺木的厚度相称为准。而其实，从天子到老百姓，对棺木的讲究并非仅仅是为了美观，而是因为这样才能够表达孝心。因为被礼制所限，所以不能用上等木料做棺椁，会使人伤心；因为没有钱，所以不能用上等木料做棺椁，也会使人难受。而今，既为礼制允许，我又具备一定的财力，在古人都这么做的情况下，我又怎么不可以如此做呢？况且，这样做不过是为了不让泥土沾上死者的尸体，难道我的孝子之心就不可以有这样一点满足吗？"

"孟母三迁"的故事，让我们知道孟子的母亲不仅是一位慈母，并且在对孟子的教育上也花了很多的心思。正因为如此，所以当母亲去世之时，孟子的深刻悲伤及孺慕的孝子之心便完全表现在对母亲的厚葬上。

当然，并非极力的铺张、将亲人厚葬才是"孝心"的体现，毕竟在父母死后才悲极哀恸地披麻戴孝，还不如生前对他们真挚的一句嘘寒问暖，不是吗？

天地无限

历久弥新说名句

儒家向来主张"葬其亲厚",孟子"君子不以天下俭其亲"便是这种思想的体现。但其实"厚葬"与"铺张浪费"并非同义词,因为儒家的"厚葬",讲究的是精神层面的极度重视,而非物质面的追求。在儒者的心目中,隆重的丧葬及仪礼都是表达哀凄的一种方式,并非终极目标。

中国自古讲究"中庸之道",过与不及都非正道。但在汉代,尽孝者竟可以透过"孝"来获取声名,进而达到入仕的目的。当"尽孝"也成为一条终南捷径之后,致使多少人不惜倾其家产只为了博得好名声。然而,这种"孝"终究只是一种表面形式,而非发出于内心。

近年来,"丧葬问题"常造成许多家庭内以及邻里间的纠纷,经常在报章杂志之中可以看到兄弟手足为丧葬费用大打出手或是左邻右舍为了噪音问题屡生摩擦的报道。像在一篇讲述兄弟因为对丧葬费用的分配无法达成共识,而致老死不相往来的报道,为文者便以"君子不以天下俭其亲,手足相残为哪桩"作为大标题,让人看了不胜唏嘘。

其实,就像俗语说的:"树欲静而风不止,子欲养而亲不待。"与其在亲人死后大做文章,还不如在其生时便恪尽孝道,如此一来,才不会产生任何遗憾。

有不虞之誉，有求全之毁

名句的诞生

孟子曰："有不虞之誉[1]，有求全之毁[2]。"

——离娄章句上

完全读懂名句

1. 不虞之誉：虞是揣测之意，不虞就是出乎意料的意思，因此不虞之誉就是意想不到的声誉。2. 求全之毁：有意求全名节，却招来毁谤。

孟子说："有猜测不到而意外获得的好名声，有想要求全名节却反而遭受毁谤的情事。"

名句的故事

朱熹在《孟子集注》中引用了吕氏的评论："行不足以致誉而

偶得誉，是谓不虞之誉。求免于毁而反致毁，是谓求全之毁。言毁誉之言，未必皆实，修己者不可以是遽为忧喜。观人者不可以是轻为进退。"意思是说，一个人的行为并不值得获得名声，却意外地获得声望，就称为"不虞之誉"；力求自己不会受到毁谤，却遭受到毁谤，就称为"求全之毁"；这样的毁谤与声望不见得是真实的，一个有修为的人当不可因此感到悲伤或欢喜，旁观者更不可以因此而妄下定论。

这句话恐怕是孟子行走各国多年后的感言吧！所谓"宠辱不惊，闲看庭前花开花落；去留无意，漫随天外云卷云舒"（《菜根谭》）。毕竟他人所赋予的声望、毁谤，不见得是具备客观标准，甚而会因为社会上的主观意识或价值观的错置，发生是非混淆的舆论。

例如孟子与齐威王、齐宣王之间的互动，知遇与不知遇之间，都不是孟子所能掌控，但他坚持以王道行或不行，作为自己去留的标准，即使不受重用而离开齐国，孟子也没有一句怨恨之言；当然，别人也曾质疑孟子离开齐国是因为利禄之故，但孟子却不受影响，继续到其他国家宣扬他的政治信念。所以孟子当是要奉劝我们对于"不虞之誉、求全之毁"，要有"宠辱不惊、去留无意"的处世态度，置人生得失于度外，千万不要因此丧失自己的志向与抱负。

历久弥新说名句

明朝大儒王阳明先生以孟子的这句话来自勉："毁谤自外来的，虽圣人如何免得？人只贵于自修，若自己实实落落是个圣贤，纵然人都毁他，也说他不着……毁誉在外的，安能避的？"（王阳明《传习录》）好名声、坏名声其实都是外来的，即使是圣人也无法避免其发生，一个人最重要的还是要把持自己的修为，如果自己真是个圣贤人，那么任何毁谤也无法造成伤害。

我们来看看《红楼梦》中的一小段故事吧。薛宝钗进场后，林黛玉在荣府的地位便起了微妙的变化，宝钗不仅得长辈的喜爱，也受到丫头们的欢迎，黛玉心中自是有忿怒之气。一天黛玉挟着心中的怨气，跟贾宝玉闹起脾气，作者曹雪芹是这样形容两人之间的关系："既熟惯，则更觉亲密；既亲密，则不免一时有求全之毁，不虞之隙。"（《红楼梦》第五回）黛玉越想保持两人之间的亲密，就越容易发生意想不到的嫌隙。症结其实是，宝玉当时还没有搞清楚黛玉藏着的心事。

1999年时，名作家金庸写了一篇文章《不虞之誉和求全之毁》给上海的《文汇报》，目的是回应一位未曾与他谋面的王朔先生的批评，王先生在报章上发表了《我看金庸》一文。金庸谦虚地回应说，"我写小说之后，有过不虞之誉"，他自己是万万不敢当，特别是他的著作荣登国际会议的讨论主角。而对于王朔先生在文章中的"求全之毁"，批评他是"四大俗"之一，王朔的"四大俗"是指香港四大天王、成龙电影、琼瑶电视剧和金庸小说等四者。金庸对此更是谦虚认为自己才力有限，无法达到王朔的要求，也感谢王朔笔下留情。

金庸最后在文末颇感性地说，上天已经待我太好了，既享受了这么多幸福，偶然给人骂几句，命中该有，不会不开心的。这足见一个人的气度、修养，毁誉果真是身外之物。

民之归仁也,犹水之就下、兽之走圹也

名句的诞生

孟子曰:"民之归仁¹也,犹水之就下、兽之走圹²也。故为渊驱鱼³者,獭也;为丛驱爵⁴者,鹯⁵也;为汤武驱民者,桀与纣也。今天下之君有好仁者,则诸侯皆为之驱矣。"

——离娄章句上

完全读懂名句

1. 归仁:归服仁德、归服仁君。2. 圹:音kuàng,原野,郊外空旷处。3. 为渊驱鱼:即替深水出力,将鱼类赶至深水处。4. 为丛驱爵:丛是茂密的树林,"爵"同"雀",即指鸟雀,为丛驱爵就是将鸟雀赶到丛林里。5. 鹯:音zhān,鸟名,一种猛禽,羽色青黄,常袭击鸠、鸽、燕雀等作为猎物。

孟子说:"人民会归顺于有仁德的君主,就如同水会顺着低处流,动物会往空旷的原野奔去一样。所以,将鱼群赶往深水处的就是水獭;将鸟雀赶往丛林里的就是吃雀的鹯鸟;让人民去投靠商汤、武王的就是暴虐的夏桀、商纣。只要当今天下有爱好仁德的君王,诸侯就会协助他让人民来归顺。"

名句的故事

"大同世界"是儒家的政治愿景,"仁"就是完成这个梦想的工具,"德治"就是治理国家的法则,"君君、臣臣、父父、子子"(《论语·颜渊篇》)就是理想社会造就的成果。儒家端出的是一个依照伦常秩序进行运作的国家,所以只要君主有仁德,不只是人民会自动地归顺他,连原本可能是嚣张跋扈的诸侯们,都会将人民驱赶到这位仁君的身边。只要有仁,这一切都是自发的,就像水自然会往低处流的道理一样。

我们先说两个故事。春秋时代郑国大夫子产在过世之前,以执政要能"宽猛并济"告诫后继者子大叔。但是子大叔却采取宽大的治术,结果郑国便出现许多盗贼,子大叔不得已派兵将这些盗贼杀掉后,郑国的盗贼才慢慢减少。事实上,孔子也赞成子产刚柔并济的作风,因此子产的过世让孔子很难过。

战国时代,苏秦用连横政策去游说秦惠王。他说,黄帝大战蚩尤、商汤讨伐夏桀、武王讨伐纣王、齐桓公用兵得天下,哪有不战争的呢?行仁义、讲信用,道理说得越明白,战争还是一样发生,天下人也没有相亲;因此要折服敌国、统治人民、臣服诸侯,就非得用兵不可。当时的秦国并没有被苏秦说服,但是后来重用了张仪。

历久弥新说名句

由于儒家深厚的历史影响力,让天下百姓"归仁",都是历代君王与文武百官相互勉励的课题。例如《汉书》记载:"自古受命及中兴之君,必兴灭继绝,修废举逸,然后天下归仁,四方之政行焉。"(《汉书·外戚恩泽侯表》)所谓克己复礼为仁,礼部是官制中必然存在的单位。然而,现实社会中,人类所展现的贪婪与私欲,让刑法也必须与礼制共存。东汉的法学家陈宠便说:"礼之所去,刑之所取,失礼则入刑,相为表里者也。"(《后汉书·陈宠传》)刑罚最大的用途在于让人民知所畏惧,一旦行为失礼,便是刑罚发挥作用之处。

因此,法家在中国政治史上的地位,从春秋时代的子产开始算起,其实影响力根本不亚于儒家的力量,甚至超越了儒家的地位,例如汉武帝被批评为第一位"阳儒阴法"的皇帝。事实上,要被历史盖棺定论为明君、圣君,都无法抛弃儒家的"德治"学说,例如魏征总是鼓励唐太宗力行德治,"贞观之治"就是当时"民之归仁"的重要证据。

"民之归仁"也表现出人民力量的重要性，因此从政者对于社会舆论不得不重视。例如现代传播媒体、网际网络所发挥的社会力量，"犹水之就下、兽之走圹也"，让人想挡都挡不住；有时候甚至会像洪水猛兽一样，让人失去独立思考的力量，然后就被牵着鼻子走。

为高必因丘陵,为下必因川泽

名句的诞生

孟子曰:"为高必因¹丘陵,为下必因川泽。为政不因先王之道,可谓智乎?是以惟仁者²宜在高位,不仁而在高位,是播其恶于众也。"

——离娄章句上

完全读懂名句

1. 因:凭借、倚赖、借重。2. 惟仁者:有仁心仁术、可以实行先王之道的人。

孟子说:"要堆出一座高山,必须借助丘陵,想挖出一道深沟,必得利用河川。处理国家大事不凭借先王的智慧,能说是聪明吗?所以只有一个真正的仁者才应当成为国家的元首,如果没有仁心却握有权力,将把祸害带给大家呀。"

名句的故事

　　孟子的这句话是出自《礼记·礼器》:"故作大事必顺天时,为朝夕必放于日月,为高必因丘陵,为下必因川泽。"这个大事是指祭祀天地这等大事情,必须依照自然的时序来进行,就像白天是出太阳、晚上是月亮高挂;冬至祭拜天的时候,必须借着丘陵方能堆出比较高的地方,设成祭坛;夏至祭拜地时,必须借着较低洼的地方,设成祭坛。这是说明一个祭祀的礼节。

　　孟子却用"为高必因丘陵,为下必因川泽"这样的道理来指出,作为国家元首必须有合乎自然时节的智慧,能延续祭祀礼俗。孟子显然是讽刺战国时代的君王,无法延续尧、舜、周天子等治国的智慧,都不算是真正的仁君。

　　春秋战国时代的齐国,是法家思想的发源地之一,其中有一本代表性的著作叫做《管子》,这本书记述了管仲的政治理论,其特色在于以经济观点处理内政、外交等事务,甚至人民道德的养成也是以经济观点来解释,所谓"衣食足而知荣辱"。相较于儒家围绕在仁义道德或者是古礼方面,《管子》所抒发出来的意见,其实更贴近春秋战国时期的民风,也贴近执政者的意见,这或许是秦汉以下"阳儒阴法"的缘故了。

历久弥新说名句

　　元世祖至元二年，命许衡议事中书省，是为左丞相。就任之后，许衡向元太祖上疏治国之策，在谈到中书省繁杂的工作时，许衡认为要抓住两个纲要"用人、立法"，又说："古人有言曰：'为高必因丘陵，为下必因川泽，为政必因先王之道。'"许衡认为治理国家大事，不可随意违背"古法"，因此强调必须先行立法。他还举例，每个人都吃饭，却只有厨师可以把味道调和均匀，这是因为厨师能够掌握其中的规则，这样的规则是前人遗留下来的；所以治国也要能够遵循前人的法理、建立制度，这样人们方可以遵循。许衡认为，只要人、法之间取得平衡，治理国家即可游刃有余。(《元史·许衡列传》)

　　许衡说得很对，人、法之间必须取得平衡，国家政事自然得以顺其道而行。有一个相反的例子，就是宋朝著名的王安石变法。王安石推行新政大都能切中宋朝的要害，但是由于王安石个性过于执拗、无法接受不同的意见，最后居然演变成当时的一些政要都不愿意与他合作，双方甚至互相攻讦，并引起宋朝最严重的朋党之争。王安石变法失败就是人与法互相冲突所导致的最坏结果，也重挫了宋朝国势的运作。

冯妇攘臂下车

名句的诞生

齐饥。陈臻曰:"国人皆以夫子将复为发棠¹,殆不可复²?"孟子曰:"是为冯妇³也。晋人有冯妇者,善搏虎;卒为善士。则之野⁴,有众逐虎;虎负嵎⁵,莫之敢撄⁶。望见冯妇,趋而迎之,冯妇攘臂⁷下车,众皆悦之。其为士者笑之。"

——尽心章句下

完全读懂名句

1. 发棠:指的是从官方的仓库,拿出物资赈济受灾的老百姓。2. 殆不可复:殆,恐怕;复,再一次。殆不可复,指的是恐怕没办法再说一次。3. 冯妇:人名,姓冯,名妇。4. 则之野:则,乃之意;之,前往。则之野,即到野外去。5. 负嵎:负,依也;嵎,山壁边。负嵎,即靠在山壁边。6. 撄:触犯、冒犯。7. 攘臂:振臂。

齐国闹饥荒。陈臻说："全国人民认为夫子您会再去见齐王，请他把棠邑的米粮发出来赈济灾民，这件事恐怕无法再去请求吧！"孟子说："那我就变成冯妇了！晋国有一个人叫做冯妇，原本擅长赤手空拳打老虎，后来做了一个善人。有一次，他到野外去，恰巧见到许多人追赶老虎，老虎蹲在山壁边的高处，但没有人敢招惹这只老虎，大家看到冯妇来了，就向前迎接他，于是冯妇振臂下车，众人都非常高兴，但却被有识之士所取笑。"

名句的故事

此章就是成语"重做冯妇"的原典，即称人重操旧业，也有人写为"下马冯妇"或"再做冯妇"、"又做冯妇"。不过，关于冯妇的生平，各家说法不一，褒贬也不同。有人说，孟子并没把故事说完，因为冯妇虽然再度打败老虎，却也被这只老虎抓伤，不久后伤重不治而亡。

有人说，冯妇放弃捕杀老虎，是因为有一次他杀死一只母老虎，发现这只母老虎留下两只小老虎，他觉得小老虎很可怜，不但把小老虎放生，并改行卖菜。然而，有位大臣想要一张虎皮，因此派仆人来游说冯妇，遭到拒绝。此时，有一只老虎想要伤人，被冯妇撞见，打退了老虎，大臣的仆人便讥讽冯妇，认为他嫌大臣出的钱太少，冯妇答道："这是为了救人。你这么喜欢老虎，那我就送你去老虎坑吧。"于是，这位大臣便知难而退。

明朝刘伯温在其所著的《郁离子》中，对冯妇的记载又与其他版本有所差异。在冯妇那个年代，东瓯（现在浙江南部）的人多半住在茅屋里，因此常常发生火灾。因为东瓯话里，"虎"与"火"的发音相同，因此东瓯国君以为冯妇擅长灭火，以隆重的礼仪将他请来。

到了第二天，市场便发生火灾，而且一发不可收拾，甚至延烧到王宫，大家便把冯妇往火里推，希望他发挥灭火的本事，于是，只会打虎不会打火的冯妇，就被活活地烧死了。

历久弥新说名句

与"重做冯妇"意义相同的成语，使用度最高的是"重出江湖"。当代最有名"重出江湖"例子，便是有"篮球皇帝"之称的迈克·乔丹，三进三出美国职篮，每次复出都卷起万丈波澜。

1993年，乔丹率领芝加哥公牛队三度称霸美国职篮，之后第一次退休，两年后他"重出江湖"，再度率领公牛队完成三连霸，1998年再度退休，直到2000年再度复出打球，加入华盛顿巫师队，不过这一次，他再也无法宰制篮球场，终于真正地退休了。

与"重做冯妇"意义相反的成语，最为知名的就是"金盆洗手"。最广为人知的"金盆洗手"，乃是金庸《笑傲江湖》里衡山派名宿刘正风，为了退出江湖所举办的"金盆洗手"典礼。在他正要洗手之际，与衡山派同属"五岳同盟"的嵩山派，突然派人大举来到，揭发刘正风与东方神教长老曲洋互有来往，最后演变成悲剧，刘正风与曲洋双双惨死。

然后知生于忧患而死于安乐也

名句的诞生

舜发于畎亩之中¹,傅说举于版筑之间²,胶鬲³举于鱼盐之中,管夷吾举于士⁴,孙叔敖举于海⁵,百里奚举于市。故天将降大任于是人也,必先苦其心志,劳其筋骨,饿其体肤,空乏其身,行拂乱其所为,所以动心忍性,曾⁶益其所不能。人恒过,然后能改;困于心,衡于虑⁷,而后作;征于色,发于声,而后喻。入则无法家拂士,出则无敌国外患者⁸,国恒亡。然后知生于忧患而死于安乐也。

——告子章句下

完全读懂名句

1. 舜发于畎亩之间:舜曾经在历山耕种庄稼。2. 傅说举于版筑之间:傅说,殷高宗贤相,曾为筑墙工人。一日殷高宗梦见傅说为贤人,举而用之后,天下大治。版筑,古人筑墙,用两板相夹,填土于板中,以杵筑之。3. 胶鬲:殷商时人,自殷适周,佐武王以亡殷。4. 管夷吾举于士:管夷吾即管仲,助齐桓公一匡天下。士,狱官之长。5. 孙叔敖举于海:孙叔敖,春秋时楚国令尹(宰相),曾隐居海滨。6. 曾:同"增"。7. 衡于虑:思虑被阻塞。8. 入则无法家拂士,出则无敌国外患者:入指国内,出指国外。拂,假借为弼,指辅弼、匡正的臣子。

舜从田野中兴起,傅说从筑墙填土的工人中被提举出来,胶鬲从鱼盐行业中被提举出来,管夷吾从狱官中被提举出来,孙叔敖从海滨被提举出来,百里奚从交易市场被提举出来。所以,上天准备把重任降在某人身上,一定先要磨炼他的意志,使他的筋骨感到劳累,使他的肠胃感到饥饿,使他的身体感到困乏,使他的行为总是受到干扰,这样便可以震动他的心意,磨炼他的性格,增加他的才干。人总是犯了错误,然后才能改正;心意困扰,思虑阻塞,才能发愤而起;表现在脸色上,流露在谈吐中,才会被人了解。(一个国家)国内若没有有法度的大臣和辅佐的谋士,国外没有敌对的邻国和外患的忧虑,往往容易灭亡。这样,才能懂得忧虑患难使人生存、安逸享乐使人死亡的道理。

名句的故事

这篇文章可以说是孟子研究历史、观察现实人生而得来的重要心得。他说明历史上做大事、立大业的成功人物,如所举的舜、傅说、胶鬲、管仲、孙叔敖、百里奚等,早年皆有一段忧患艰苦的岁月;有的出身农夫、泥水工或鱼盐小贩,有的甚至还曾沦为亡命者、囚犯甚或奴隶。可想而知,在这段困顿岁月中,他们所受到的屈辱、打击之多,有些人甚至曾受生命威胁;但即使在这样危难的情况下,他们依旧存活下来,并且锻炼出能忍一般人所不能忍的坚强意志,成就非凡事业,其成功正是如孟子所言,为忧患所赐。

接着孟子观察现实人生,发现"人恒过,然后能改"。我们每个人都是主观的,往往说的话、做的事自己觉得没什么,但对别人来说却是一种伤害;因此,没有人不会犯错,最重要的是知错能改。孔子亦说:"知错能改,善莫大焉。"孔子更曾赞誉他所欣赏的弟子颜回,说他"不贰过"。人之可贵,正是在于这修正改过的勇气,现实上受到挫折,反倒能激起人修正自己并向上的决心;由此可见,忧患环境确实比安乐更对人有益。

孟子由自己对现实人世沉浮的观察,由上提升至国家生死存亡的角度,说出"入则无法家拂士,出则无敌国外患者,国恒亡"。而历史上夏、商、周等朝代的败亡,可说是孟子论点的最佳明证。

历久弥新说名句

"生于忧患死于安乐"一句,由孟子之口说出后,几已成千古名言,类似的成语还有"居安思危"、"未雨绸缪"、"防微杜渐"、"防患未然"、"曲突徙薪"等，都有身处安乐环境中，仍保有忧患意识，以防祸事发生之意。

一如孟子所言，唯有在困顿的环境中，才能历练一个人的意志力，忍人所不能忍者，是最终能成功的人。在西方世界，亦有不少人与孟子有同样观感；文学家巴尔扎克曾说："苦难是人类的老师。"诗人拜伦说："逆境是通往真理的第一条道路。"皆与"生于忧患死于安乐"有异曲同工之妙。而最能体现逆境中求生存的人，则非宋朝大文学家范仲淹莫属。

范仲淹两岁丧父，母亲迫于生计，只好带着他改嫁。十岁时，他独自离家到长白山礼泉寺苦读，由于环境贫困，米饭对他来说是一种奢侈品，每日只能吃粥为生。范仲淹便将煮好的粥吹凉凝结后，分成四块，每日早晚各取两块，仅配咸菜几根。如此刻苦的生活，有谁能忍受？范仲淹却甘之如饴。后来他到南京读书，每日亦是焚膏继晷，几乎三餐不继，但仍力学不息。专心念书五年后，范仲淹终于登进士第，并成为一代大文学家。范仲淹出身于困苦环境，十年苦读有成，之后仍不忘其本，一生皆奉持勤俭，并且泽及家人，他所提倡的义田制度可说救济了不少范氏宗族。

范仲淹苦学有成，功成名就后，亦能谨记教训，说出"先天下之忧而忧，后天下之乐而乐"之名言，可见忧患境遇是促使成功的良好条件。

往者不追,来者不拒

名句的诞生

孟子之滕[1],馆于上宫[2]。有业屦[3]于牖[4]上,馆人求之弗得。或问之曰:"若是乎,从者之廋[5]也?"曰:"子以是为窃屦来与?"曰:"殆非也。夫子之设科也,往者不追,来者不拒[6]。苟以是心[7]至,斯受之而已矣。"

——尽心章句下

完全读懂名句

1. 之:前往。2. 馆于上宫:馆,住宿。上宫,指上等的旅馆。3. 业屦:还在织造中的鞋子。4. 牖:窗户。5. 从者之廋:从者,随从之人;廋,藏匿。从者之廋,即被随从之人给藏起来。6. 拒:拒绝。7. 是心:指求学问的心。

孟子到了滕国,住在滕国君主所安排的高级旅馆。旅馆的人有一双还没有织好的麻鞋放在窗栏旁边,但却不见了,怎么找也找不到。有人便问孟子说:"追随夫子的人,竟然会把人家的东西给藏匿起来?"孟子回答说:"你难道以为这些人是专门为了偷麻鞋而来的吗?"这个人说:"我想大概不会吧。夫子设立学科,宗旨是教他们培养道德,离开的不去追他们回来,前来学习的也不拒绝,只要是他们诚心为追求学问而来,夫子便收留他。"

名句的故事

儒家自从创始人孔子开始,便不断地抬高老师的地位。至于选择学生的标准,孔子主张"有教无类",孟子承继孔子的精神,收取门徒同样不计较其愚智贫富,但也强调学术自由,并不强求学生非得留在师门不可,采取"往者不追,来者不拒"的开放态度。

孟子甚至把当老师,当成君子最快乐的三件事之一。在《孟子·尽心》中,孟子说明"君子三乐",分别为"父母俱存,兄弟无故,一乐也。仰不愧于天,俯不怍于人,二乐也。得天下英才而教之,三乐也"。即父母健在,兄弟没灾没病,是君子第一件乐事,抬头无愧于天,低头无愧于人,这是第二件乐事,得到天下优秀的人才来教育,这是第三件乐事。

荀子更把老师列在"天地君祖"并列,奠定了老师的崇高地位,最后演变成"天地君亲师"五伦,也有人称为五纲。不过,孟子虽然把"得天下英才而教之"当成人生至乐,但却也说"人之患，在好为人师"（《孟子·离娄》），认为读书人最要不得的毛病，就是"好为人师"。

历久弥新说名句

　　孟子所说的"往者不追，来者不拒"，原本指的是不拒绝任何一个有心向学的学生入门，但这两句话常被运用于商业领域，指的是不拒绝任何一个可能的客人，但也不强留客人消费，不过有时候也被指为感情不专一，见一个爱一个，对于追求者完全不予拒绝。

　　然而，"往者不追，来者不拒"的真正意义，并不是好坏不挑，而应该是"海纳百川，有容乃大"。"海纳百川，有容乃大"典出《管子》，原文为"海不辞水，故能成其大，山不辞土石，故能成其高"；意为海不拒绝涓滴细流的注入，因此才能成其大，而山接纳小土石，才能够成其高，后引申为一个人必须胸襟广阔，才能成就大事业。

　　历史上最知名的对比之一，便是西楚霸王项羽与汉高祖刘邦。项羽率兵打仗几乎每战皆捷，刘邦亲自督战反倒败多胜少，项羽最后失败在于无法容人，以致原本在帐下的优秀将才如韩信，转而投靠了刘邦，留下来的将领被刘邦的其他将领打得落花流水，项羽独木难撑大厦，终于将江山拱手让给才能不如他的刘邦。

　　与"往者不追，来者不拒"相对的辞汇，则是"挑肥拣瘦"，也有人作"挑精拣细"、"挑三拣四"，指的是为了个人利益，反复挑选对自己有利的。

人性本善

是以君子远庖厨也

名句的诞生

君子之于禽兽也,见其生,不忍见其死;闻其声[1],不忍食其肉。是以君子远庖厨[2]也。

——梁惠王章句上

完全读懂名句

1. 声:指禽兽畏死的哀鸣声。2. 庖厨:厨房。

君子对于飞禽走兽,见到它们活着,便不忍心见到它们死去;听到它们害怕死亡的哀叫声,便不忍心再吃它们的肉。正因此,所以君子总是尽可能地远离厨房。

名句的故事

"君子远庖厨"是孟子由"望之不似人君"的梁襄王处出走

后，至齐国拜见齐宣王时所说出的千古名句。由于每个君王都有自己的个性，也因此，孟子也学会了以"因人而异"、"因材施教"的说服方式来面对不同的君王。齐宣王是个比较内敛的君主，因此他并非一见孟子便大大咧咧地提出自己的疑问，而是委婉、含蓄地先向孟子请教"历史"，询问一下自己的先祖齐桓公以及晋文公的事迹，拐弯抹角地提出自己内心一直想获得解答的问题："如何称霸天下。"

其实齐宣王之举是带有挑战意味的，因为在春秋战国时期，齐桓公和晋文公都是靠"霸道"一统天下，与孟子一直提倡的"王道"背道而驰。因此一旦了解齐宣王的用意后，孟子便说道："王您若要问霸道，那我不懂。若您要是对王道感兴趣的话，我倒是可以跟您谈谈。"

既然自己"醉翁之意不在酒"的意图已被孟子视破，因此齐宣王也就不再遮遮掩掩，毕竟无论霸道、王道，只要是能称雄天下的就是正道，所以他便与孟子和乐融融地讨论起来。

孟子是公认的"善辩"者，而此回他所采用的"游说"法，则是他一贯"一问一答"方式，让人先落入自己的观点后，再强化他的论点。而所谓"君子远庖厨"，其实说的是一种"人皆不忍杀生"的心态，虽然最后结论是君子有不忍之心，所以在杀鸡宰羊时干脆"眼不见为净"地远离厨房，不免让人觉得有"诡辩"嫌疑，但至少中心思想，也就是在阐述"人皆有不忍之心"这点上，是绝对毋庸置疑的。

人性本善

历久弥新说名句

孟子的"君子远庖厨"的中心意涵本是想讲述"世人皆有不忍之心",并由此作为仁心的发端,但后世对此却有不同的解读。

在一篇名为《君子远庖厨是不是掩耳盗铃?》的文章中,便对此提出疑问,认为君子之所以远庖厨,是因为仁心使然,致使仁德君子不忍见肃杀之事,抑或根本就是"眼不见为净"的逃避心理?当然,这是个见仁见智的问题,但不可否认,有些人是有意曲解"君子远庖厨"这句话的正确内涵,故意说连先哲都同意君子应该远离厨房,作为偷懒不下厨房的借口。

著名学者南怀瑾先生便曾在其《孟子旁通》一文中幽默地提及:"近代的年轻人,当太太要他到厨房里帮个小忙的时候,他就拿这句话来做挡箭牌。太太请原谅!孟老夫子说的'君子远庖厨',我要做君子,你的先生不能是小人哪!于是坐在客厅沙发上看电视,等太太把热腾腾的菜饭端来。"

虽然偶尔开个小玩笑无伤大雅,但无论如何,我们下回再说这句话时,可千万别忘了孟子讲述"君子远庖厨"时"见其生,不忍见其死;闻其声,不忍食其肉"的语重心长,白白辜负了孟老夫子的一番苦口婆心。

老吾老,以及人之老

名句的诞生

老吾老,以及人之老;幼吾幼,以及人之幼[1]。天下可运于掌[2]。

——梁惠王章句上

完全读懂名句

1. 老吾老、幼吾幼:第一个"老"和"幼"都做动词用,第二个"老"、"幼"则做名词。老,尊敬。幼,爱护。2. 运于掌:在手心里运转,意指治理天下很容易。

尊敬自己家的老人,并把这种尊敬推及到别人家的老人身上;爱护自己的孩子,并把这种爱护推广至别人的孩子身上。如果能这么做,那么治理天下便像是在自己的手掌心里运转小东西一样的容易了。

人性本善

名句的故事

既然对齐宣王"行仁政好过霸政"的"诱导"已渐渐产生效果,孟子自然要再接再厉地将自己的理想发扬光大,因此在讨论完"人皆有不忍之心",也就是"仁"的发端之后,继续对齐宣王述及"仁心"的推展,而这便是孟子著名的"老吾老,以及人之老,幼吾幼,以及人之幼"的理论。

孟子提出的"老吾老,以及人之老,幼吾幼,以及人之幼"理论,若究其根本,其实就是所谓"推己及人"的思想。正由于每个人对自家长辈都会有所孺慕、对自家孩童都会爱护有加,因此若能将"亲疏"的界限打破,将这种心情推及至他人的长辈、孩童,则整个社会便能和睦,社会一旦和睦,国家自然和平稳定。

大体来说,孟子这一论调与孔子的"己欲立而立人,己欲达而达人"和"己所不欲,勿施于人"的忠恕之道有异曲同工之妙,虽然在对象上有所不同。因为孟子出此言的目的是为了"求诸人",也就是希望齐宣王能因此而以"仁政"治国,而孔子则是"求诸己",也就是讲究个人的"修身"之道。

虽然孟子对齐宣王的"诱导"是以"天下可运于掌",也就是以"如此可天下一统"为诱因,似乎是在为在上位提供一种可行之法,但其实这个"求诸人"与"求诸己"之间并非不能转换,毕竟"老吾老,以及人之老,幼吾幼,以及人之幼"的思想本就具有一定的共同性与普遍性，无论是处在什么地位、什么环境中的人，对此都能产生相同的感悟。这种观念应当是全人类都可以也必须作为立身处世的根本，不一定只是在上位者个人的责任。

历久弥新说名句

"尊老爱幼"是中华民族千百年来的传统美德，也是一种普遍的社会要求。在《礼记·礼运·大同》篇中便曾提及："故人不独亲其亲，不独子其子。"与孟子所说的"老吾老，以及人之老，幼吾幼，以及人之幼"具有同等的意涵，也同样发人深省。

"尊老爱幼"是属于一种普世的价值，并不独独只有中国人才重视它的意义，外国俚语里也有不少相似意义的话语存在，例如："love me, love my dog"（爱我也请爱我的狗），"He that loves the tree loves the branch"（若爱这棵树也请爱它的枝叶），其实归根究底都是"爱屋及乌"之意。

若开个玩笑来说，当那些"蛮夷"之地都懂得"爱屋及乌"的道理时，那么一直号称"礼仪之邦"的我们，是否要做得更好呢？

是故诚者，天之道也

名句的诞生

孟子曰："是故诚[1]者，天之道也；思诚者，人之道也。至诚而不动[2]者，未之有也；不诚，未有能动者也。"

——离娄章句上

完全读懂名句

1. 诚：诚实、忠诚。2. 动：感动之意。

孟子说："所以，诚实是天所本有的道理；想要实践诚实则是做人的道理。如果做到极为纯洁的真诚，却还无法感动人，是不可能的；无法做到诚实，是不可能感动任何人的。"

名句的故事

孟子的这句话几乎与《中庸》第二十章里面的话，完全相同，这也是很多人认为孟子与《中庸》之间有密切关系的缘故之一，而《中庸》这本书也谈了很多"诚"的道理。我们不难发现，儒家学说中的一些基本要素，都不断出现在相关著作中，而"诚"也是儒家强调的立身处世的根本之一。

所谓"精诚所至，金石为开"，特别能贴切形容儒家所要阐述的"诚"的道理，《礼记·中庸》也说："唯天下至诚，为能尽其性。"人性发挥到最彻底，就是要做到真诚。因此孟子以为，会想要去实践"诚"，是做人的道理，因为它出自于人的天性。而且只有"真诚"才能够获得他人的信任。

孟子举例，为人臣子如果无法获得君王的信任，就无法管理人民；要获得君王的信任，要先获得朋友的信任；要获得朋友的信任，就要先懂得侍奉父母、讨父母的欢心。如何获得父母的欢心呢？要先反省自己是否具备诚实的本心；如何具备诚实呢？要先明白什么叫做"善"，为善的心就是诚实的。

孟子以为诚实是上天本有的道理，上天也赋予人的本性，具备诚实无欺的天性。因此，人如果做到至诚、最纯洁的真诚，不仅仅可以感动他人，还可以感动上天，所谓"诚可格天"就是这个道理。

历久弥新说名句

顾炎武在《说经》一文中，谈论善恶报应的道理。他认为"天降灾祥在德"，是福是祸，都依据人是否具备善心，如《易经》所言"积善之家，必有余庆；积不善之家，必有余殃"。顾炎武并不认为真的有上帝存在，来掌管人世间的福祸，而是认为善与不善，就像是有水就会湿、有火就会干燥一样，是一种自然感应出来的现象；人做善、做恶，也都会在天地间出现感应，所以他认为"诚者天之道也"。换句话说，人要用最真诚的心去面对自己的人生，这也是上天赋予生命的道理。

邵伟灵先生是国际扶轮社的成员，他有一篇《谈诚实（HONESTY）——从一位扶轮的贤者说起》，内容说到"诚实"之于扶轮社的团体里面，有更多的重视与要求，除了强调会员个人能够在家庭与事业间取得平衡，更褒扬会员在个人与事业方面都能够"行得正"。作者忆起其他会员真实无欺的行径，不禁赞美说："这种'言必由衷'地待人接物、竭诚地处理事务，不正是孔子所说：'诚者，天之道也。'"邵先生的这篇文章非常值得一读，他把"诚"之于个人、组织团体，以及事业上的道理，说得非常简单却透彻。

王绍培于《在虚拟中疏离》（发表于《中国报道周刊》）一文提到，大陆出现"人际关系服务公司"，有替人追求美女的，也有替人道歉的，还有代哭、租赁亲人、感情陪护等服务。对于这样的"新事业"，作者称为"在虚拟中疏离"，意思是"原人或实体所具有的功能则由替代物来提供"，替代品的必要性甚至高过实体本身。作者举例，道歉原本是需要亲自做的工作，现在只需缴个钱，别人就会将之完成。

这个必须去道歉的人，只有金钱损失，并不需要付出精神上的承担，更遑论说心里会浮现宽恕之情。所以王绍培结论："在虚拟化的过程中，最大的缺失是人际关系中最为宝贵的元素——诚恳不见了。"因为虚拟化一个自己去道歉的现象，根本是缺乏感情的，既然没有感情的存在，也不可能有诚恳的存在。其实，在虚拟网络中，情感的真实与否，都是我们应该慎思的，以免欺骗了自己与别人的感情。

无恻隐之心,非人也

名句的诞生

人皆有不忍人之心[1]。先王有不忍人之心,斯有不忍之政矣。以不忍人之心,行不忍人之政,治天下可运之掌上。所以谓人皆有不忍人之心者,今人乍[2]见孺子将入于井,皆有怵惕[3]恻隐[4]之心,非所以内交[5]于孺子之父母也,非所以要誉[6]于乡党朋友也,非恶其声而然也。由是观之,无恻隐之心,非人也;无羞恶之心,非人也;无辞让之心,非人也;无是非之心,非人也。

——公孙丑章句上

完全读懂名句

1. 不忍人之心:不忍看到别人处于痛苦的怜悯心与同情心。2. 乍:突然、忽然。3. 怵惕:惊惧、恐惧。4. 恻隐:哀痛、同情。5. 内交,结交,"内"同"纳",结纳之意。6. 要誉:博取名声。"要"同"邀",求。

每个人都有怜悯、体恤他人、不忍见他人处于痛苦的心情。先王们由于拥有这种心情，因此才会制定出体恤百姓的政策。用怜悯体恤他人的心情来施行政策，治理天下就像在手掌心里运转东西一样的容易了。之所以说每个人都有怜悯体恤别人的心情，是因为如果今天有人突然看见一个小孩要掉进井里面去了，必然会产生惊惧同情的心理——而这并不是因为想去和这孩子的父母结交，也不是因为想在乡邻朋友中博取声名，更不是因为厌恶这孩子的哭叫声才产生的。由此看来，没有同情心者，不是人；没有羞耻心者，也不是人；没有谦让心者，更不是人；没有是非心者，根本不是人。

名句的故事

在孟子的观念中，人之所以为人，之所以与禽兽不同，便是因为人能具有"恻隐之心"、"羞恶之心"、"辞让之心"与"是非之心"四种心态，简称"四心"。而对应着这"四心"发散出来的道德表现，则是"仁"、"义"、"礼"、"智"，也就是所谓的"四端"。

可以这么说，孟子将仁、义、礼、智这四个带有社会涵义的概念说成是人性中先天所具有的，而人在后天，只不过是在保持及不断扩充这"四端"，或者任其慢慢消亡。正因为"四端"会随着人的"不留意"或者"有意忽略"而消亡，因此如何保持及扩充这"四端"，便成为孟子在提出自己的"性善"学说之后，专心致意去宣扬的又一重点。

除去在个人修养外，在政治上，孟子也不遗余力劝导四方君王必须施行"仁政"思想，而此"仁政"思想，也正是本着这"四心"与"四端"而来。正因为在孟子的观念中，这"四心"人皆有之，因此施行"仁政"并非不可为，而只是君王们"不想为"。

但我们必须注意的一点是，孟子所谓的"恻隐之心"并不是"妇人之仁"，因为人的"恻隐之心"并非无"度"的放纵个人同情心，它必须在一定的准则之下，也就是在经过理性的思考，在符合道德法则的情况下发散，否则便会流于"滥情"。

孟子"无恻隐之心，非人也"的指摘可说是相当的严厉，但正因为明白体恤、怜惜他人之心是人本有，若不是看着世人此心渐渐被利益或冷漠所蒙蔽，孟子怎会如此的语重心长、感慨万千呢！

历久弥新说名句

孟子的"恻隐之心"可说是儒家学说中极为重要的论点之一，并且自此也成为文人们论述"仁"心时最经常使用的范例。但若在"恻隐之心"之前加上一个"无"字，则讲述的不仅仅是人无"仁心"，甚至有时还成为"禽兽"的代名词。

像《前秦·苻朗·苻子》中便曾提及："观刑曰乐，何无恻怛之心焉。"看人遭刑罚不仅不心痛，还心存看热闹、取笑之意，如此"无恻怛之心"之人，也就是孟子所说的"无恻隐之心"之人，确实禽兽不如。只是古时的文人终究不忍将"禽兽"二字说出口，而用"无恻隐之心"来暗讽，痛心之意溢于言表。

到了今天，"恻隐之心"的用法一如过往，还是"同情心"与"仁心"的代名词，因此像"请唤醒恻隐之心——低级动物养育子女与人一样不易"之类的标题屡见不鲜。但有一个现象不可不提，那就是有时人们总会错误地将"恻隐之心"等同于没有原则的"妇人之仁"，因此像这样的标题："个人恻隐之心与群体公正意识的冲突"，或者是"操盘策略：杜绝恻隐之心"，四处可见。

下回，无论是在做文章或是看文章之时，我们一定得特别留心这个问题，因为没有原则、没有立场的"一念之仁"，其实并不是真的"仁"，有智慧、有寸度的"恻隐之心"才是真正值得提倡的。

听其言也,观其眸子,人焉廋哉?

名句的诞生

孟子曰:"存[1]乎人者,莫良于眸子。眸子不能掩其恶。胸中正,则眸子了[2]焉;胸中不正,则眸子眊[3]焉。听其言也,观其眸子,人焉廋[4]哉?"

——离娄章句上

完全读懂名句

1. 存:观察。2. 了:眼睛明亮之意。3. 眊:音máo,眼睛看不清楚的样子。4. 廋:音sóu,隐匿、藏起来。

孟子说:"观察一个人,再没有比观察他的眼睛更好的了。眼睛无法掩盖一个人的丑恶。心中光明正大,眼睛就会明亮;内心不端正,眼睛就会黯淡不明。所以,听一个人说话的时候,注意观察他的眼睛,他的善恶真伪哪里能隐藏住呢?"

名句的故事

"望闻问切"是中医看诊的四个方法。第一个方法就是"望",观察气色之外,还要观察眼睛的清浊昏明,因为人体内部器官的健康状况,可以由眼睛反映出来;而眼睛的清浊昏明也反映出一个人的心术端正与否。例如《大戴礼记·曾子立事》便记载:"故目者,心之浮也;言者,行之指也;作于中,则播于外也。故曰:以其见者占其隐者。"眼睛是人心思的浮现,言语是人行为的指标;心中所想的,会散发到外表,所以要用一个人所表现出来的外在,来观察他隐藏于内心的真正想法。

孟子也认为,心胸端正,眼睛就会明亮有神;心胸不端正,眼睛就会看起来昏暗不明。如同汉朝王充所补充的:"孟子相贤,以眸子明了者,察文以义可晓。"(王充《论衡》)王充说,孟子看眼睛明亮者,就知道对方是个贤达人士,这如同我们看文章所展现的义理就可以了解文章的内容一样。因此,听一个人说出来的话,并观察他的眼睛,他的内心善恶真伪,怎么可能掩饰得住呢?

历久弥新说名句

中国以楷书名传后代的书法家钟繇,是三国时期曹魏的太傅,他最小的儿子钟会从小就很聪明,而当时的中护军蒋济曾经写过"观其眸子,足以知人"这样的一篇文章,因此钟繇就带着他的儿子去拜见蒋济。蒋济看到钟会后非常惊讶，称赞钟会"非常人也"。果然，钟会身具各项才艺，精通名家的理论（意即辨别是非同异的理论），官至尚书中书侍郎，并赐爵关内侯。（《三国志·魏书·钟会列传》）

《皇朝经世文编》有收录一篇文章叫做《河防述言》，其中第四部分"任人"谈论到选择治河的用人奖惩问题。其中便说到："孟子不云乎，听其言也，观其眸子，人焉廋哉。盖应对举止之间，其人之智愚敬忽，大略可见。"从一个人应对中的谈吐、眼神，就可以约略知道一个人的聪明才智与工作态度了。

另外，《皇朝经世文续编》的"刑政"单元中，收录了一篇文章《青平贼影》，谈的是如何利用观察人的外在举止来抓到贼人。其中记载："孟子观其眸子一语，即相人之要。每见贼匪到案，其目睛闪转不定，与良善迥别，良善间有被扳赴质，虽形悚惧，初无流视之状，以此决之，百不失一。"贼匪跟普通百姓不一样的地方，在于他们的眼睛一定是四处流转、闪烁不定，而善良老百姓虽然会害怕，眼神却不会这样。因此，有没有抓对贼匪，从眼神就可以知道了。

意大利文艺复兴时期画家达·芬奇也曾经说过："眼睛是心灵的窗户。"心里怎么想，眼睛就会怎么说话，这可能是达·芬奇创作人物画的心得。有个词叫做"溜眼睛"，就是用眼睛来表达心里面的情意，也可以说"眉来眼去"。有一句歇后语则叫做"泥球换眼睛"，就是说一个人有眼无珠，比喻这个人见识浅短之意。白居易的《长恨歌》便说："回眸一笑百媚生，六宫粉黛无颜色。"我们就知道杨贵妃的眼睛是多么会说话了。

苟得其养，无物不长

名句的诞生

孟子曰："苟¹得其养，无物不长；苟失其养，无物不消。孔子曰：'操²则存，舍³则亡⁴；出⁵入无时，莫知其乡⁶。'惟心之谓与？"

——告子章句上

完全读懂名句

1. 苟：如果、假设。2. 操：持、拿。3. 舍：抛弃、丢弃。4. 亡：消失，失去。5. 出入：出外与入内。6. 乡：向。

孟子说："如果得到良好的养护，没有东西不能生长；如果失去护养，没有东西不会消亡。孔子说：'把握着就存在，放弃了就丧失；出去进来没有定时，无人知道它的去向。说的大概就是心吧？'"

人性本善

名句的故事

虽然孟子是"人性本善"的倡导者,但是他似乎花了更多的篇幅在强调后天环境对人影响的重要性。他曾经用大麦的生长来做比喻(告子篇),而这次的比喻对象则是牛山里的树。他说:"牛山的树木曾经很繁茂,因为它处在大都市的郊外,常用刀斧砍伐它,还能保持繁茂吗?那山上日夜生长、受雨露滋润的树木,不是没有嫩芽新枝长出来,但牛羊接着又放牧到这里,因此成了光秃秃的。"

当然,孟子的重点不在于牛山的树,他话锋一转,把焦点转到人身上:"就说在人的身上,难道会没有仁义之心吗?有些人之所以丧失他的善心,也就像刀斧砍伐树木一样,天天砍伐,还能保住善心的繁茂吗?尽管他日夜有所滋生的善心,接触天明时的晨气,而使他的好恶之心同一般人也有了少许相近,可是他白天的所作所为,又将它搅乱、丧失了。反复地搅乱,那么他夜里滋生的那点善心就不足以保存下来;夜里滋生的善心不足以保存下来,那他离禽兽就不远了。"

牛山会长树,就像人会长善心一样,是天经地义的事。"如果得到良好的养护,没有东西不能生长;如果失去护养,没有东西不会消亡。"换言之,即使人天生的条件是好的,但是这个美善的特质,还是必须有后天环境的诱发、培养,才能尽情发挥出来。孔子说:"把握着就存在,放弃了就丧失;出去进来没有定时,无人知道它的去向。说的大概就是心吧?"

孟子不厌其烦地用反诘的方式强调,可别因为"牛山光秃秃的,就以为这是牛山的本性",可别因为"人们有时会像禽兽一样,就以为他是不配拥有善良的"。总之,只要有像孟母一样注重环境教育的母亲,每个人都有机会成为孟子。

历久弥新说名句

电视广告词这样写着:"如果喝了××奶粉,就可以像小树一样长得又高又壮。"这大概就是孟子所说的"苟得其养,无物不长"的现代版。有了肥沃的土壤,小树可以长高长壮。有仁慈的君主这样的养分、照料,人民也才能够安居乐业、幸福快乐。汉代的贾谊是一位很有学识的文人。聪慧好学,极有才华,很早就被封为博士。而他的工作就是要负责培养、教导出一位好君主。

汉文帝请他负责培育、训练梁王刘揖。梁王是汉文帝最宠爱的儿子,文帝指望他将来能继承皇位,所以要他多读些书、增广学识。贾谊则回答文帝说:"辅导皇子,教他读书固然重要,但更重要的,是教他怎样做一个正直的人。假使像秦朝末年赵高教道秦二世胡亥那样,传授给胡亥的是严刑酷狱,所学的不是杀头割鼻子,就是满门抄斩。所以,胡亥一当上皇帝,就乱杀人,看待杀人就好像看待割茅草一样,不当一回事。这难道只是胡亥的本性生来就坏吗?他之所以这样,是教导他的人没有引导他走上

正道，这才是根本原因所在。"(《汉书·贾谊传》)

后来，贾谊果然非常认真、全心全意地辅道梁王。可是梁怀王不慎骑马摔死，贾谊自伤没有尽到太傅的责任，因此终日郁郁不乐，常常哭泣，一年多后就死了，死时才33岁，无法为人民再培养、训练一位有为的君主。

非天之降才尔殊也

名句的诞生

孟子曰:"富岁¹子弟多赖²,凶岁³子弟多暴⁴。非天之降才⁵尔殊⁶也,其所以陷溺⁷其心者然也。今夫麰麦⁸,播种⁹而耰¹⁰之,其地同,树¹¹之时又同,浡然¹²而生,至于日至¹³之时,皆熟矣;虽有不同,则地有肥硗¹⁴,雨露¹⁵之养,人事之不齐¹⁶也。故凡同类者举相似也,何独至于人而疑之!圣人与我同类者。"

——告子章句上

完全读懂名句

1. 富岁:丰年也。2. 赖:借也。3. 凶岁:收成不好,闹饥荒的年岁。4. 暴:凶暴强横、残酷凶恶。5. 降才:上天赋予的能力、禀性。6. 尔:这样,如此;殊:不同。7. 陷溺:陷入、沉溺;丧失本性,沉迷不悟。8. 麰麦:麰,音 móu。麰麦:大麦。9. 播种:散布种子于土壤中,使其生长。10. 耰:音 yōu,本为农具名,此处做动词,指用土覆盖种子。11. 树:动词、种植。12. 浡然:兴起、旺盛。13. 日至:即夏至。14. 硗:土壤坚硬贫瘠,不适宜耕种。15. 雨露:雨水、露水。16. 齐:使同等、一致。

孟子说:"丰收年成,少年子弟多半懒惰;灾荒年成,少年子弟多半横暴。不是天生资质不同,而是由于外部环境使他们的心有所陷溺而变成这样子的。比如种大麦,播了种,耙了地,然后用土把种子覆盖好,同样的土地,同样的播种时间,麦子蓬勃地生长,到夏至的时候,全都成熟了。虽然有收获多少的不同,但那是由于土地有肥瘠的差别,雨水有多有少,人照顾方式不同造成的。所以凡是同类的事物,其主要方面都是相似的,为什么一说到人,就产生了疑问呢?圣人和我们其实也是同类。"

名句的故事

本篇名句探讨的是教育环境对人的影响。大家应该都还记得孟子有名的妈妈"孟母"常常搬家的故事。孟妈妈为了让儿子有好的教育环境,不怕颠沛流离的四处搬家,最后落脚于学校旁边,于是儿子终于变成了有名的学问家。

孟子虽然被当成小白老鼠来实验,但他一点都不以为意,认为自己能有今天的成就,确实是母亲注重教育环境的功劳。他用家境的富裕贫穷对子女的影响,来说明后天环境的重要:"丰收年成,少年子弟多半懒惰;灾荒年成,少年子弟多半横暴;不是天生资质不同,而是由于外部环境使他们的心有所陷溺。"孟子认为当人生活在富足的年代便容易养成懒惰的性格,而生活在饥荒战乱的年代便容易养成暴力的性格。

　　人之容易受环境的影响,喜欢比喻举例的孟子,还举出种植大麦的原理,来说明人就像大麦一样,会受到土地、雨水、人工等的影响。

　　其实,拿孟子本身的例子,更能说明环境对人的影响。孟子小时候住在葬仪社的隔壁,他就每天模仿那些办丧礼的人哭泣喊叫,孟母看到了,二话不说立刻搬家;后来搬到市场屠夫的隔壁,孟子就模仿起杀猪的动作与玩起买卖的游戏,孟母看到了,知道又得搬家了;最后终于搬到学校附近,而孟子也就开始用功念书起来。

历久弥新说名句

　　莎士比亚曾说:"升平富足的盛世徒然养成一批懦夫,困苦永远是坚强之母。"我们常常听到在困苦的环境当中努力奋斗而功成名就的故事。

　　虽然因困苦的环境而奋斗成功,很让人敬佩。但是能够在太平盛世,还随时要求自己要能日日有长进、不能松懈,则是更大的挑战。个子长得不高的晏子就是这样的人。他是齐国宰相,辅佐齐王把齐国治理得井井有条。晏子手下有一位名叫高缭的，为官三年，从没做过什么错事，可是有一天，晏子却把高缭给免职了。晏子左右的人都感到很奇怪，觉得不合情理，于是他们劝阻晏子说："高缭侍奉先生三年，对先生向来都是言听计从，并没出过什么差错呀。甚至，先生理当给他一定的爵位才是，怎么反而把他辞掉呢？"

晏子对左右劝阻的人摇头说："我是一个有很多缺点的人，正如一块弯弯曲曲的木料，必须用规矩来定方圆，要用斧子来削，用刨子来刨，才能造就一件好的器具。我手下的人，就应像这些规、矩、斧子、刨子，帮我去掉那些不能成器的地方，以利我更好地帮齐王治国。可是高缭和我一起做事已经三年了，对于我的缺点、过错，从来没提出过任何批评意见，也没做过任何纠正。我并非圣贤，平时作为中难免有失误，可是高缭只是一味顺从我、称赞我，这对我替齐王工作又有什么好处呢？非但没有，反而有害。所以我决定辞退高缭，原因就正是你们所说的'高缭无过'。"

古语曾说："虽有良剑，不锻炼则不锋利；虽有良弓，不排檠则不正；虽有良吏，不鼓舞则不振。"晏子大概就是把自己当成弓和剑，不断地操磨训练，所以才被后世永远地怀念、称赞。

是岂水之性哉？其势则然也

名句的诞生

孟子曰："水信[1]无分于东西。无分于上下乎？人性之善也，犹水之就[2]下也。人无有不善，水无有不下。今夫水，搏[3]而跃[4]之，可使过颡[5]；激而行之，可使在山。是岂水之性哉？其势则然也。人之可使为不善，其性亦犹是也。"

——告子章句上

完全读懂名句

1. 信：诚，真。2. 就：趋向。3. 搏：拍打。4. 跃：跳起、飞跃。5. 颡：音sǎng，额头。

孟子说："水流的确是不分东西向，但是，难道也无不分上下流向吗？人性向善，就像水往低处流一样。人性没有不善良的，水没有不往下流的。当然，如果水受拍打而飞溅起来，也能使它高过人的额头；阻挡住水叫它倒流，也能使其逆流到山上。这难道是水的本性吗？形势迫使它如此的。人之所可以迫使他做坏事、变得不善，他本性的改变也正像这样。"

名句的故事

有一次孟子碰见告子（告子就是那位曾经说过"食、色，性也"的人，据说是墨子的学生），二子讨论了一个人生大秘密：究竟人性到底是善或不善。首先，告子拿水来做比喻："人性就好像洪水急流，东边缺了口就向东流，西边缺了口就向西流，人性之无分善不善也，犹水之无分东与西也。"

好口才的孟子微微一笑、不疾不徐地说："水固然是向东流也行，向西流也行，但难道它向上流也行，向下流也行吗？"不知道听到这话告子的表情如何，他怎么会忘了水只能往下流这回事。孟子继续侃侃而谈："人的本性之向善，就像水往下流一样。人是没有不往向善发展的，就好像水是没有不往下流的。"

不过，虽然孟子只是主张人之"初"、性本善，人之"后"，他倒也清楚实际的情况，他继续用水比喻："虽然水是往下流的，但是如果你拍打它，水也是可以飞跃过额头的；阻挡住水叫它倒流，也能使其逆流到山上。"换言之，孟子认为，如果有外力、外在环境影响介入，还是可以改变水的本性的。而人也是一样，"人之所可以使他做坏事、变得不善，这种改变本性的情形，也是因为外力使然。"

简言之,孟子认为人会做坏事,不是因为本性,而是因为外在因素。至于,为什么水向下,会是指人性之向善,而不是向恶。这一点不论是告子还是孟子都没有解释。

历久弥新说名句

古语云:"近朱者赤,近墨者黑。"而墨子也对人容易受污染的情况非常有感触。有一次,他在经过一家染坊时,看见工匠们将雪白的丝织品分别放进热气腾腾的染缸里,浸泡良久后取出,再晾晒时就变成不同颜色的织物了。墨子仔细地观察了染丝的全过程后,顿有所悟,不觉长叹一声,自言自语地说:"本来都是雪白的丝织品,而今放到青色颜料的染缸里浸泡后就变成了青色,放到黄色颜料的染缸里浸泡后就变成了黄色。所用的颜料不同,染出来的颜色也随之不同。如果我们将白丝先后放到五种不同颜色的染缸里各染一遍,它就会改变五次颜色了。如此看来,染丝的时候,人们就不能不谨慎从事啊。"

墨子有感而发,可以染的不只是丝而已,还有一个国家、一个人也都存在着要染成什么颜色的问题。"汤染于伊尹,故王天下;殷纣染于恶来,故国残身死,为天下僇。"

殷纣王,亦称帝辛,是商王朝的末代天子。辛的身材高大壮实,长相俊美。他资质过人,许多事一学就会、一看就懂,而且多才多艺、巧言善辩。他力气很大,曾经徒手与猛兽格斗,将九头牛拖着往后走。一次,宫室的一根柱子坏了,他竟用手托着屋梁，让人将坏柱子换掉了。

纣王自恃聪明，看不起群臣，更以为天下人都不如自己。他嫌竹筷子不好，让玉工做象牙筷子。纣王征讨有苏氏，有苏氏将其女儿妲己献出。妲己长得太美了，纣王被她的姿色所迷，对她言听计从。为了讨妲己喜欢，纣让乐师涓创作新的靡靡之音——乐曲和名为"北里"的舞蹈。还在朝歌城里，用七年时间建成一座周三里高千尺的台观，以玉石为门，琼玉为室，取名鹿台。并加征赋税，搜刮了无数的钱财放在鹿台上。又扩大王室园囿沙丘，弄了许多飞禽走兽放在里面，用活人喂养猛兽。

纣王更加淫乱昏庸，微子启多次劝谏不听，叹息："如今殷朝要灭亡了，就好像在汪洋大水中，没有岸，也没有渡船。"他想自杀，又想逃跑。比干以死强谏，纣王愤怒地说："我听说圣人的心脏有七个洞，今天我就要看一下。"活活地剖开比干的胸膛，取出心脏。箕子也害怕了。有人劝他说："还是逃吧！"箕子回答："明明知道劝谏没有用还要说，是不明智。以自己的死去彰扬君王的过失，是不忠。作为大臣去讨好民众，我又不忍心。"于是散开头发，撕破衣服，装成疯子，给人去当奴隶。

总之，纣王身边并不缺乏可以让他染成好颜色的优秀贤能的大臣，但是他还是只喜欢接近好阿谀奉承、贪赃受贿的费仲或恶来这样的人。"人之可使为不善"，除了外在环境，似乎还是有自己应该担负起的责任。

四海之内皆将轻千里而告知以善

名句的诞生

孟子曰:"夫¹苟²好善³,则四海之内,皆将轻⁴千里而来,告之以善。夫苟不好善,则人将曰:'訑訑⁵,予既⁶已知之矣。'訑訑之声音颜色,距⁷人于千里之外。士止于千里之外,则谗⁸谄⁹面谀¹⁰之人至矣。与谗谄面谀之人居,国欲治,可得乎?"

——告子章句下

完全读懂名句

1. 夫:音 fú,语气词。2. 苟:如果。3. 好善:喜欢听取善言。4. 轻:易,容易,不以为难。5. 訑訑:音 yí,傲慢自信,不听人言的样子。6. 既:尽,都。7. 距:同"拒"。8. 谗:说陷害人的坏话。9. 谄:巴结,奉承。10. 谀:讨好逢迎。

孟子说:"假如喜欢听取善言,四面八方的人从千里之外都会赶来把善言告诉他；假如不喜欢听取善言，那别人就会模仿他说：'呵呵，我都已经知道了！'呵呵的声音和脸色就会把别人拒绝于千里之外。士人在千里之外停止不来，那些进谗言的阿谀奉承之人就会来到。与那些进谗言的阿谀奉承之人住在一起，要想治理好国家，办得到吗？"

名句的故事

鲁国打算邀请孟子的学生乐正子（复姓乐正，名克）治理国政。身为老师的孟子与有荣焉地说："我听到这消息，简直欢喜得睡不着觉。"也是孟子学生的公孙丑很少看到夫子这么高兴，就问："是因为乐正子很有能力吗？"孟子摇摇头说："不是。"公孙丑又问："是因为他很有智慧有远见吗？"孟子说："也不是。"公孙丑问："见多识广吗？"孟子说："不。"

连三不之后，公孙丑实在一头雾水："那您为什么高兴得睡不着觉呢？"孟子回答说："是因为他为人喜欢听取善言。"公孙丑觉得很奇怪，这有什么好高兴的？又问："喜欢听取善言就够了吗？"孟子说："喜欢听取善言足以治理天下，更何况治理鲁国呢？"

为什么喜欢听取善言，就足以治理天下？孟子解释，因为"假如喜欢听取善言，四面八方的人从千里之外都会赶来把善言告诉他"。如此一来，即使乐正子本身没有那么优秀完美，但是全天下优秀完美的人都会跑来献计、为他所用，拥有全天下的贤人,集思广益,还怕治理不好天下吗?

此外,喜欢听取善言还有一个好处,当好人都来了,那些喜欢进谗言、阿谀奉承的小人就会逃得远远的。相反的,如果不喜欢听取善言,那么好人不近,喜欢阿谀奉承的小人就会闻风而至,如此,别说治理鲁国,就算治理自己的家可能都治理不好了。

历久弥新说名句

古语云:"良药苦口利于病,忠言逆耳利于行。"我们这里却有一个忠言逆耳却是利于病的有趣例子。《史记》中记载了扁鹊慧眼识病、三劝齐桓侯的故事。

春秋战国时代,有位神医叫做扁鹊,他不需要把脉,只是观察病人的神情,就能知道病况。有一次,扁鹊路过齐国,齐桓侯以客接待扁鹊,进入朝廷见面,扁鹊一见面就说:"君有疾在皮肤表面,如果不治就会严重。"桓侯自觉身体硬朗,很不以为然地说:"我没有病。"扁鹊出去后,桓侯对左右人说:"这位死要钱的医生,没病说成有病。"过了五天,扁鹊又去见他,说:"你的病已到了血脉,不治疗会更严重。"桓侯开始有点觉得刺耳:"寡人没病。"扁鹊出去后,桓侯很不高兴。又过了五天,扁鹊又去见他,说:"你的病已到了肠胃间,不治疗不行。"桓侯觉得什么跟什么嘛,干脆不理他。又过了五天,扁鹊又去见他,大老远看见桓侯,就转身退而离去。桓侯觉得很奇怪,就派人去问明原

人性本善

因。扁鹊说:"如果疾病位置在皮肤,烫熨一下就可以治好;进到血脉,用针石也可以治好;进到肠胃,用酒醪方法也可以治好;但进入骨髓,就无可奈何了。现在桓侯的病已进到骨髓,我是没有办法了。"过了五天,桓侯真的病了,派人去召扁鹊来,但扁鹊已经逃离齐国。不久桓侯便死掉了。

齐桓侯没有理会扁鹊的忠言劝告,等醒悟过来时,为时已晚。可见不听逆耳忠言,不仅会碍于行,还有可能会致命呢。但是如果喜欢听取忠言、善言,则不仅可能救自己一命,还可能统一战国六雄,成为一统天下的帝王。

西元前361年,年方21岁的秦孝公即位,励精图治,在国中颁布了"求贤令"。果然吸引到满怀雄图壮志的商鞅,收拾行囊,携带着李悝的《法经》,头也不回地西奔入秦。在宠臣景监的引见下,秦孝公与商鞅见面三次,最后终于三拍而合,成就了秦国的统一大业。由此可知治理好一个国家并不单单靠执政者个人的能力、智慧和学识,就算在上位者像乐正子一样什么优点都没有,唯一的优点就是"好听取善言",那么也就等于拥有全天下了。否则如果是"马屁悦耳利于行"之类的上位者,那么就会如莎士比亚所说的:"大半个世界都在愚昧中失去了。"

取诸人以为善,是与人为善也

名句的诞生

子路,人告之以有过,则喜。禹闻善言,则拜。大舜有[1]大焉,善与人同[2],舍己从人,乐取于人以为善。自耕稼、陶、渔以至为帝,无非取于人者。取诸人以为善,是与人为善[3]者也,故君子莫大乎与人为善。

——公孙丑章句上

完全读懂名句

1. 有:同"又"。2. 善与人同:与人共同做善事。3. 与人为善:与,偕同、共同之意。

别人指出子路的过错,他便很高兴。大禹听到有益的话,就向人拜谢。伟大的舜帝又超越了他们:总是与别人共同行善事,并可以舍弃自己的短处,学习人家的长处,非常快乐地吸取别人的优点来行善。从他种庄稼、做陶器、捕鱼直到做帝王,没有哪个时候不向别人学习。吸取别人的长处来行善,也就是与别人一同来行善。所以君子的最高德性莫过于与别人共同行善。

名句的故事

孟子借"闻过则喜"的子路、"闻善则拜"的禹,以及舜"与人为善"的例子,来阐述自己"与人为善",也就是"善与人同"的思想。

大家都知道孟子向来主张"性善",但"性善"中提及的"善"与"与人为善"的"善",意义上其实有些不同。因为"性善"之"善"指的是人本心中的"善根"、"善念",也就是"仁心";但"与人为善"之"善",却是指"行善"。

而同样的,今天我们常说的"与人为善",是指善意地帮助别人,与孟子这里所表达的意思虽密切相关,但又有所不同。因为孟子此处所说的"与人为善"就是与别人"一同行善",而其基础是吸取别人的长处,改正自己的短处。

从"闻过则喜"到"闻善则拜",再到"与人为善",虽然三者看似在程度上有些差异,但其实本质都是同样的,也就是乐于接受别人对自己缺点的指摘,然后努力地完善自己。而由这些例子之中,我们正可看出圣哲们之所以被人敬仰,正因他们拥有如此宽广胸襟以及大气量。

尽管对一般人来说,要做到如子路、禹、舜的程度会有些困难,但至少我们还是应该尽可能地做到"知错能改"、"乐于助人"等方面的,不是吗?

历久弥新说名句

孟子对于所谓的"与人为善",可以说是身体力行,由他不畏艰难与挫折地四处游说各君王行仁政以利天下、安百姓,便可看出他的仁德之心。

就像前面提过的,孟子的"与人为善"是与"改正自己短处"、"吸取旁人长处"相提并论,并且有连带关系的。但演变到了今天,慢慢地,人们已经将"与人为善"单独地提领出来,让它不仅可以独立存在,并且还变成了一个称颂他人或者用以自勉的一个词语。例如许多报章杂志之中便常出现这样的标题:"尽其在己与人为善——访某某人"、"舆论监督不能与人为善"……

而更有时,"与人为善"还成为一种形容他人个性的词语,例如当说某人"不与人为善"时,则通常表示这个人孤僻、不好相处,而在国外,形容这种人时,用的还是一个相当有趣的形容"She/He is a tough cookie"(她/他是一块硬饼干)。

曾经,印度的圣雄甘地有一回乘火车,一只鞋子掉到了铁轨旁,而此时火车已经开动了,鞋子再也无法捡回来,于是甘地急忙把穿在脚上的另一只鞋子脱下来扔到第一只鞋子的旁边。一位看到这种情形的乘客有些不解地问甘地为什么要这样做,甘地则笑着说:"因为这样一来,看到铁轨旁有鞋子的穷人就能得到一双完整的鞋子。"

在今天看来,甘地的行事绝对是"与人为善"的最好表率,而其行为背后"仁心"的发现,更与千年前孟子的"仁德"思想遥相呼应,令人神往。

大人者，不失其赤子之心者也

名句的诞生

孟子曰："大人[1]者，不失其赤子之心[2]者也。"

——离娄章句下

完全读懂名句

1. 大人：有德行的君子。2. 赤子之心：赤子是指婴儿、小孩，赤子之心就是像孩提一般纯洁无邪的心。

孟子说："有德行的君子，就是能保持像孩提一般纯洁无邪的心的人。"

名句的故事

"大人"与"赤子"看似两种不同的元素，却被孟子的一句话结合在一起；《圣经》上也有提到过，如果不能像小孩一样，是无法进入天国的。不论孟子或《圣经》，他们想要表达的是一种做人的境界，是期许世人在繁华的花花世界中，一样能够出淤泥而不染，用像孩提般纯洁无邪的态度对待周围的人和事。"赤子之心"才是最接近我们心灵的本相。

孟子所谓的"大人"不是单单指有德行的人，还包括孟子常常提及的"大丈夫"，"大丈夫"要能够做到"居天下之广居，立天下之正位，行天下之大道"，"富贵不能淫，贫贱不能移，威武不能屈"。在《易经》的干卦中，对"大人"的定义更是让人一目了然，《易经》上说："与天地合其德，与日月合其明，与四时合其序，与鬼神合其吉凶。"大人者就是要有符合天地之德，要有像日月一样的光明，要能配合四季的运行，要能与天地鬼神契合。这样的条件，也只有圣人才能达到了。

《老子·第二十八章》也提到："常德不离，复归于婴儿。"如果做到真常不变的德性不离开我们的本心，我们也就回到像婴儿一样了。老子与孟子的想法，看起来似乎很像，但是究其因，孟子的"赤子之心"是指天生的善良本性，这样的本性可以依靠后天的修为所达成；但是老子的理念则是主张无知无识的自然本性，而且是否定人类社会的伦理规范。

历久弥新说名句

"大人者，不失其赤子之心"是陆九渊思想中的重要主题，他曾经在《与李宰书》中诠释："'天之所以与我者'，即此心也。"意思是说，上天赋予我们的就是这样纯洁无邪的心灵，就是孟子所说的赤子之心，而且人人都有这样的本心。

唐宋八大家之一的柳宗元，在《亡姊前京兆府参军裴君夫人墓志》中记述："必敬必亲，下以不失其赤子之心，姻族归厚，率由是也。"柳氏称赞他过世的姊姊，做人恭敬亲和，并且保有一颗赤子之心，因此死后夫家为她举办隆重的丧礼。我们可以说，柳宗元的姊姊因为用赤子之心去对待周遭的人，因此获得大家无比的敬重。

近代作家林语堂先生，在其《人生的盛宴》一文中以为："哲学家的任务是去发现并取回已经失掉了的东西，据孟子的见解，这里所失掉的便是'赤子之心'。"他并进而举例孟子说："其所以放其良心者，亦犹斧斤之于木也"。意思是说，就好像山之于树木一样，如果山没有树木也就不成其为山；人如果没有赤子之心，也就不以成其为人了。

因此，当我们这样如同孩提般的真心，经过世俗的洗练，而早已不复见时，唯有依赖道德修养、宗教洗涤，再次去发觉这样的世界，让这个真实的心灵世界，可以展现在我们的人生态度中。

求则得之，舍则失之

名句的诞生

故曰："求则得之，舍¹则失之。或相倍蓰²而无算者，不能尽其才者也。《诗》³曰：'天生蒸⁴民，有物有则⁵。民之秉⁶彝⁷，好是懿德⁸。'孔子曰：'为此诗者，其知道乎！故有物必有则；民之秉彝也，故好是懿德。'"

——告子章句上

完全读懂名句

1. 舍：舍弃、丢弃。2. 蓰：音xǐ，五倍。3. 诗：本句诗引自《诗经·大雅·蒸民》。4. 蒸：众。5. 则：法则。6. 秉：执。7. 彝：常。8. 懿德：懿，美。懿德，美德。

所以说："探求就可以得到，放弃便会失去。人与人之间有相差一倍、五倍甚至无数倍的，正是由于没有充分发挥他们的天生资质的缘故。《诗经》说:'上天生育了人类,万事万物都有法则。老百姓掌握了这些法则,就会崇尚美好的品德。'孔子说:'写这首诗的人真懂得道啊!有事物就一定有法则;老百姓掌握了这些法则,所以崇尚美好的品德。'"

名句的故事

公都子是孟子的学生,向老师学了不少辩论技巧。一日,他有备而来,举出了三方观点,来向老师孟子挑战人究竟为何是善的。

首先,他搬出告子的观点,作为破题,告子说:"人性无所谓善良、不善良的区别。"然后,他举例阐述这个论点:"有人说:'人性可以使它善良,也可以使它不善良。所以周文王、周武王当朝,老百姓就善良;周幽王、周厉王当朝,老百姓就变得横暴。'"

继续,他又举出更多强而有力的例子,来证明人性无分善不善。"又有人说:'有的人本性善良,有的人本性不善良。所以虽然有尧这样善良的人做天子,却也有象这样不善良的臣民;虽然有瞽瞍这样不善良的父亲,却有舜这样善良的儿子;虽然有殷纣王这样不善良的侄儿,并且做了天子,却也有微子启、王子比干这样善良的长辈和贤臣。'"

公都子举了三种人们常见的说法后,向老师掷出最后一击说:"如今老师却说'人性本善',那么难道这些说法都是错误的吗?"

关于人的本性究竟为何的问题,春秋战国时期大概有三种论点,一是荀子的"性恶说",一是告子的"性无善恶说",还有就是孟子的"性善说"。对于公都子强而有力的论证,孟子究竟如何招架呢?首先,他澄清:"有些人变得不善良,那不能归罪于天生的本性或资质。"他认为,变得善良,是要去探求就能得到它们,放弃就会失掉它们。有些人会去探求,有些人则是放弃,结果善与不善的人的差距就愈来愈大,"有一倍、五倍甚至无数倍",这是因为能与不能充分表现人原本的天性的缘故。

然后,不知道是不是因为公都子引用了许多"人们说",孟子也以"其人之道,反治其人之身",他搬出了《诗经》和孔子说(似乎比公都子简单的人们说更占上风)。《诗经》上说:"上天生育了人类,万事万物都有法则。老百姓掌握了这些法则,就会崇尚美好的品德。所以爱好美德。"孟子继续搬出孔子对这段诗句的评论:"写这首诗的人真懂得道啊!有事物就一定有法则;老百姓掌握了这些法则,所以崇尚美好的品德。"

既然公都子引用了许多别人的说法来论证,孟子因此也不自己上场,而搬出《诗经》和孔子来抗辩。不知道读者是否也认为姜还是老的辣,这一轮似乎是孟老师占了上风。

历久弥新说名句

孟子说:"求则得之,舍则失之。"除了相貌等外在条件是天生非求而来的，后天的人品修养之好坏，其实只有自己能够负责。我们看看唐代有名的宰相狄仁杰的故事，就可以了解贤者是如何"求而得之"。

年轻时候的狄仁杰入京参加考试，路上见有众人聚集，趋前探看，见一巨牌大字写着："能疗我儿，酬绢千疋。"而那位公子皱眉揪心，痛苦不堪，好像随时会死去的样子。狄仁杰擅医药，尤妙针术，便说："我能治。"他的用针出神入化，那孩子痛苦的面容立刻可见明显的舒缓。他的父母亲又哭又拜，恭敬地把千疋绢奉上。狄仁杰只是简短地说一句："我做的是实践我的志向，而不是贩卖我的针灸技术。"说完，掉头就走。

狄仁杰当秋官侍郎的时候，和也是秋官侍郎的卢献聊天，狄公说："我的这个狄字，乃是犬傍火。"卢献回答说："犬旁有火，乃是煮熟狗。"这对白是讽刺唐代武后（武则天）临朝时，奸佞小人满布朝廷，狄仁杰在朝为官的处境，就好像熊熊火焰中间的一只狗，稍一不慎就会被煮熟了！

后来，狄仁杰当上宰相，处境更是辛苦，明末大儒顾炎武就曾形容狄仁杰出任宰相，是力挽狂澜于欲倒。有一次，武则天将一件珍贵的地方贡品集翠裘送给宠臣张昌宗，要他披着和自己玩双陆（赌博游戏）。这时狄仁杰刚好进来奏事，武则天令他入座，要狄公与昌宗赌双陆。

武则天问："你们两人要以什么为赌注呢？"狄仁杰抢先回答说："赌昌宗身上穿的那件裘衣。"武则天回问："那你以什么对赌呢？"狄公指着身上穿的"紫袍"说道："我赌这件官服。"武

人性本善

则天听完笑着说:"贤卿,你不知道昌宗穿的这件裘衣,价逾千金吧,你们赌的价值不相等呀!"

这时,狄仁杰站起来说道:"臣此袍,乃是大臣朝见奏对之衣;昌宗穿的,是嬖幸宠遇之服。拿他那件赌臣的紫袍,我还觉得不值呢!"武则天也就同意狄仁杰的赌注。后来狄仁杰果真赢得了那件集翠裘,拜了恩之后,还没走出宫门,就把集翠裘送给家奴穿,骑着马走了。

由以上简短的故事,我们可以看到狄宰相一生如何"求"的过程。第一个"求",他可以选择治病拿钱,但是结果他求的是助人不求回报。第二个"求",他可以选择同流合污,众人皆醉,我当然也醉;但是他没有,他选择"清醒",追求"出淤泥而不染"。这些小"求"加起来,让他得到流传历史的贤相之美誉。

出入相友，守望相助

名句的诞生

孟子曰："死[1]徙[2]无出乡，乡田同井[3]，出入相友[4]，守望相助[5]，疾病相扶持；则百姓亲睦。"

——滕文公章句上

完全读懂名句

1. 死：指死后安葬。2. 徙：迁居。3. 乡田同井：同乡之田、同井之家，古时八户人家共用一井，同乡之人一起种田。4. 友：陪伴。5. 守望相助：相互帮助，共同守卫。

孟子说："百姓有了固定的产业，不论下葬或迁居，都不会离开自己的家乡；同乡的人同在一块井田工作；出入都有陪伴，可以互相帮助、共同守卫家园；有了疾病会互相救助，那么百姓自然亲爱敦睦了。"

人性本善

名句的故事

　　滕文公向孟子请教治国之道,孟子谈起了井田制度。他说,滕国虽然土地狭小,但是也有官吏也有农人;如果没有官吏就无法治理农民,没有农民就没有人供养官吏,因此滕国应该要实行井田制度,以及征收十一税。孟子继续建议,每户人家如果有年满16岁而尚未独立的男子,即每人授田25亩。

　　孟子立意甚好,如果每户人家都拥有自己可以耕种的田产,日出而作、日落而息,有安定的生活方式,有足够的粮食得以温饱,也可以粮食换取生活上的必需品。所以古时候的人很少迁居,从出生到老死,几乎都是在自己的家乡,这样也创造出紧密的邻里关系,家家可以相互帮助、相互扶持,也使得社会较为安定。社会安定,君王治理国政自然也就容易多了。

　　那么"井田"是什么呢?孟子说,把一方里的土地划分成井字,每井九百亩,八家各分田一百亩,中央则是公田,由大家共同耕作。公田就是要用来供养他人的,私田是农民自己的收入。井田制度也说出两个重点,一是血缘,另一是地缘,血缘是亲戚关系,地缘则是同乡关系。在中国传统社会中,亲戚多半会互相照顾,同乡也是一样,特别在政坛上,同乡多半会互相提拔。这就是以农立国衍生出来的效益。

历久弥新说名句

"出入相友,守望相助,疾病相扶持,则百姓亲睦",说的就是中国以农立国、朴实务本的日常生活。因此,同乡之田、同井之家,常常是执政者治理地方的重要凭借,例如《汉书·食货志》记载:"教化齐同,力役生产可得而平也。"学制、生产量与税收、服役等,都与耕作的土地、居住的邻里息息相关。

又例如所谓"使先耕者亦与兵同其射猎,则农亦可化为兵。而兵与民之情胶固,守望相助,出入相友。民之情亦与地胶固,战则同力,守则同坚。"(《皇朝经世文编》《子曰足食足兵民信之矣》)农民可以学习射猎,士兵亦可屯田,两者身份通常是可以互换的,士兵与一般百姓如果相处得好,即可互相帮助。

邻里包含生产单位、军事单位、政治单位,所以中国的地方主义势力往往为朝廷所重视。朝廷运用得体,则可保家卫国;运用不当,朝廷往往坐如针毡。例如清朝的团练制度,在白莲教起事、太平天国之乱、捻乱等,都发挥很大的功效,有名如曾国藩的"湘军",就是从团练演变而来,由同乡子弟所组成,为清廷剿平太平天国之乱,立下很大的功劳。

浩然正气

彼一时,此一时也

名句的诞生

彼[1]一时,此[2]一时也。五百年必有王者[3]兴,其间必有名世者[4]。

——公孙丑章句下

完全读懂名句

1. 彼:从前。2. 此:现在。3. 王者:即指行王道者,王道就是王者之道。4. 名世者:辅佐王者,德行声明均为世人所推崇的贤人。

从前是一种情形,现在又是另一种情形。由历史来看,每隔五百年都会有一个圣王出现,其间也会出现一个辅佐圣王的贤人。

名句的故事

在战国诸侯当中,孟子一直认为齐国是最有实力效法周朝、统一中国的国家,特别是齐威王在位 36 年、齐宣王在位 19 年,这段时间可说是齐国的全盛时期。孟子就像孔子一样周游列国,希望推行"王天下"的政治理想,他对齐国确实充满期待,然而最后的结局只能说,孟子与齐国没有缘分啦!

本文的故事便是发生在孟子第一次造访齐国。齐威王当时正值打败魏惠王的兴头上,对孟子这样的学者来访实在没多大的兴趣,虽然齐威王有派人传话邀请孟子前去朝廷,但是有个性的孟子也展现学者的坚持,托言婉拒。所以双方实际上根本没有见面,也没有谈话,孟子便离开齐国,转而游历他国。

路程中,孟子的学生充虞以为老师对于受到这种待遇感到不高兴。孟子便说"彼一时,此一时也",现在的情势跟以前不一样了,每五百年会出现一位明君,同时也会出现一位辅佐明君的贤者,但是从周朝开国到现在,已经有七百年了,照道理应该会有圣贤出现,但是到现在却都没看见。孟子很有志气地说,要使天下太平,现在除了他孟子还有谁呢?他感受到这样的天意,哪会有不高兴的呢?

浩然正气

历久弥新说名句

汉朝多智的文学家东方朔,著有一篇汉赋名作《答客难》,他虚拟出一位"客",作为文中对谈的主角。这位"客"嘲讽东方朔既然"博闻辩智",为什么无法像苏秦、张仪一样位极人臣呢?东方先生便叹道:"彼一时也,此一时也,岂可同哉?"时代不一样了,怎么可能会有同样的结果呢?

话说汉朝末年,刘备、关羽、张飞结为异姓兄弟之后,便投靠朱儁,并跟随讨伐黄巾余党。当时有一名余党叫做韩忠,因为寡不敌众,派人出城投降,但是朱儁不同意。刘备便告诉朱儁,当年汉高祖之所以得天下,是因为能招降纳顺。朱儁立刻回道"彼一时,此一时也",汉高祖起义时,是天下大乱之际,必须要用招降赏附的方式聚结有志之士,但是现在的黄巾党人却是在天下统一时起兵造反,只要遇到阻碍就选择投降,所以朝廷一旦接受,就等于是养虎为患(《三国演义·第二回》)。

目前最热门的"此一时彼一时也"现象,是在演艺圈。自从林志玲带动模特儿受瞩目的风潮,许多搭顺风车的"名模"纷纷崭露头角,成为另类的明日之星。还有所谓名媛淑女们也开始商品的代言活动,让人眼睛最为之一亮的就是微风广场的孙芸芸,和力霸集团王令麟的千金。普罗大众的口味是多变而且善变的,原来这才是能够创造"此一时彼一时也"的最佳推手。

当今之世,舍我其谁

名句的诞生

孟子说:"夫天未欲平治天下也;如欲平治天下,当今之世,舍¹我其谁也?吾何为不豫哉!"

——公孙丑章句下

完全读懂名句

1. 舍:放弃、除去、除开。

孟子说:"上天大概不想让天下太平吧;如果要和平地治理天下,当今这个世界上,除了我还有谁呢?我为什么不快乐呢?"

名句的故事

"舍我其谁"是一句朗朗上口的成语,其根源就是出自孟子的这一句名言。当孟子与充虞一同离开齐国时,充虞以为孟子因为受到不尊重的待遇,所以感到不高兴。孟子非但不然,反而心平气和地说道理给充虞听。平治天下、舍我其谁?乍听之下,以为孟子充满傲气,事实上孟子是将天下大任放到自己肩上。然而,遇到齐威王这样不识人才的君主,孟子的"舍我其谁",多少带有自我嘲讽的意味吧!

"舍我其谁"充分显示儒家理论入世的性格,政治参与是改善天下社会的重要途径。然而,在秦朝大一统帝国出现之前,人们对政治参与的经验是有限的,君王对于是否要用"专业理论"来辅佐国政,这样的需求也是不明确的。因此,"百家争鸣"的时代中,能够让君王获得最大利益的"专业理论",自然会受到最多的关爱眼神。孟子即使有当仁不让的气魄,但是"民贵君轻"的旗帜,对当时为了争霸天下常牺牲百姓利益的君王们来说,似乎是太碍眼了。

历久弥新说名句

汉高祖打算要另立太子,吕后便去找张良商议对策,策动四位八十多岁的老者,跟着太子去向汉高祖祝寿。席间,这四位年高德劭的人表明这位太子"为人仁孝,恭敬爱士,天下莫不延颈欲为太子死者",成功地阻止汉高祖另立太子的计划。后来汉高祖形容当时为太子的汉惠帝是"鸿鹄高飞,一举千里。羽翮已就,横绝四海",很难撼动了。汉高祖的赞辞与孟子的"如欲平治天下,当今之世,舍我其谁也?"确有异曲同工之妙,只是汉朝当时真正有"舍我其谁"野心的人,却是汉高祖自己的夫人吕后。

清代儒将曾国藩写过一篇文章《圣哲画像记》,其中记述:"我朝学者,以顾亭林氏为宗……吾读其书言及礼俗教化,则毅然有守先待后,舍我其谁之志,何其壮也。"曾国藩称赞顾亭林的文章内容,对于保存先人成就,等待后人来承继发扬的任务,有当仁不让、"舍我其谁"的志向。而宋朝范仲淹的"先天下之忧而忧,后天下之乐而乐",如果没有对天下的忧怀、肩负天下之"舍我其谁"的大志,怎能说出如此深刻的道理呢?

法鼓山圣严法师曾经自述,他在年过四十之后,还发愤到日本留学,就是抱着发扬佛教、"舍我其谁"的志向,终于取得博士学位,回台湾之后并成立中华佛学研究所。《慈济月刊》第391期的"取经之行"这个单元中,有一篇小短文《赈灾,慈悲与智慧的锻炼》,让人读后心中充满慈悲。有一段话是这么写的:"新手成老手,老将带新兵,在拔苦予乐的菩萨道上相互扶持,在超凡入圣的修行路上相互成就,舍我其谁。"如果我们不像圣人一样有天下大任舍我其谁的胸襟,也要有平凡人圆满布施天下万物、舍我其谁的智慧。

有为者亦若是

名句的诞生

舜何人[1]也,予何人也,有为者亦若是!

——滕文公章句上

完全读懂名句

1. 何人:什么样的人。

舜是什么样的人?我是什么样的人?有作为的人就应该像舜一样!

名句的故事

话说滕文公以世子身份奉命出使楚国的去回程中,都特别前去拜见正在宋国的孟子。滕文公的去程,孟子以尧舜之道为例证，对他阐述施行仁政的道理；滕文公的回程，孟子引用颜渊说过的话："舜何人也，予何人也，有为者亦若是！"来勉励滕文公师法尧舜之道。

缘起于齐桓公得到管仲、隰朋的辅佐，写下"尊王攘夷"的历史地位，孔子对此推崇不已，也希望自己能够辅佐圣君、施行仁政。孔子这样的政治抱负也泽及于他的弟子，都期许能成为像管仲、隰朋一样，获得一位圣君的赏识。而根据史籍记载判断，齐桓公四十一年时，管仲、隰朋离开人世后，齐桓公便不若以往明君之姿，霸业也开始走下坡。可能是受这样的历史背景影响，让颜渊感叹圣君的消逝，有感而发地说出："舜何人也，予何人也，有为者亦若是！"（《十三经注》，阮元刻本）

孟子用这句话鼓励滕文公，言语之间充满"大丈夫当如此耳"的气魄，滕文公多少也不负期待，尔后几乎每事必向孟子请益。只是对于一个事事楚楚都无法自己决定的国家而言，怎么会有能力施展孟子宏图大志呢？

历久弥新说名句

宋朝知名的文人范仲淹，他的儿子范纯仁颇有乃父之风，从布衣官至宰相，抱持"忠恕"作为他处世的态度，也以此教育他的子弟。他曾告诫弟子说："六经，圣人之事也，知一字则行一字，要须'造次颠沛必于是'，则所谓'有为者亦若是'尔，岂不在人邪？"意思是说，六经是记录圣人的言行，知道一个就去

浩然正气

奉行一个,不论在任何世道不安的局面,也要能够把持去行圣人之道,所谓"有作为的人就应该要这样",不就是端赖个人的选择吗?(《宋史·范纯仁列传》)

除了范纯仁把这句话作为教育子弟的标准之外,我们所熟知的《三字经》当中,便有:"唐刘晏方七岁,举神童作正字,彼虽幼身已仕尔,幼学勉而致,有为者亦若是。"唐朝立志当清官的刘晏,七岁时就通过童子科的考试,他出口成章、对答如流,因此做了翰林院的正字官。所以虽然年纪小,只要勤勉努力、奋发向上,也可以像唐晏一样有所作为。

有为者,果真亦若是,没有什么不可能的事情,除非你自己选择放弃自己!

富贵不能淫，
贫贱不能移，威武不能屈

名句的诞生

孟子曰："居天下之广居[1]，立天下之正位[2]，行天下之大道[3]；得志与民由之，不得志独行其道；富贵不能淫[4]，贫贱不能移[5]，威武不能屈；此之谓大丈夫！"

——滕文公章句下

完全读懂名句

1. 广居：天下的意思。2. 正位：中正之位，或指天子之位。3. 大道：仁义之道。4. 淫：迷惑。5. 移：改变。

孟子说："将天下视为自己的安身处，立于天下的领导者位置，将仁义之道遍行天下；得志的时候，与百姓一起发扬仁义之道；不得志的时候，还是坚持自己的原则。金钱、地位不能惑乱我的心志,贫穷低贱不能使我改变操守,面对权势压迫,亦坚贞不屈;这样才算是大丈夫!"

名句的故事

　　景春是战国时期的一位纵横家,他问孟子:"公孙衍、张仪难道不算是大丈夫吗?只要他们一怒去游说秦王发动战争,各国诸侯就感到害怕;当他们赋闲在家时,天下战火就会平息。"孟子立刻加以否认,并批评公孙衍、张仪如同妻妾奉承丈夫一样,只知奉承诸侯,怎么能算是大丈夫呢?

　　孟子接着说明真正大丈夫应该具备"富贵不能淫,贫贱不能移,威武不能屈"等三个条件。那如何去做呢?首先心态要调整为"得志与民由之,不得志独行其道",而执行的方法就是"居天下之广居,立天下之正位,行天下之大道"。孟子说到最后,还是回到儒家的仁义之道。

历久弥新说名句

　　"富贵不能淫,贫贱不能移,威武不能屈"至今仍可作为我们探索人生的价值。人生在世,有钱有地位,是好事,但若因此而骄奢意淫,腐败堕落即由此产生;富贵不能淫不仅是人生警示,也是个人的道德操守。贫贱虽不是人们所想望,但也不是件可耻的事情,不以不正当手段摆脱贫穷,就是贫贱不能移的高尚情操。即使在高压、淫威、权势及武力面前，都能不屈不挠，守得住、站得直，就是威武不能屈，是作为一个人的道德底限。

《北京青年报》有一篇报道《新闻记者要做到"富贵不能淫"》，执笔者潘洪其提及，有些新闻记者收受贿赂，做不实报道。他认为"新闻记者担负着报道事实和进行舆论监督的神圣职责"。他进一步说："'富贵不能淫'同样是一条最基本的职业道德底线，突破了这条底线，就是对记者职业的亵渎。"这不仅仅是对新闻从业人员，我们在自己的工作岗位上，也都应该有同样的坚持。

苏武因于北海19年，始终守节不屈，文天祥杀身成仁，舍生取义，皆是体现"富贵不能淫，贫贱不能移，威武不能屈"的伟大人格力量。由此可见，孟子这句令人荡气回肠的名言，影响了后世多少中国文人的心灵。

不直,则道不见

名句的诞生

孟子曰:"吾今则可以见¹矣。不直²,则道不见³;我且直之。"

——滕文公章句上

完全读懂名句

1. 见:读jiàn,见面的意思。2. 直:纠正。3. 见:读xiàn,通现、显现的意思。

孟子说:"我今天可以见他了。我如果不纠正他的想法,儒家的道理就无法发扬光大;我还是直接纠正他。"

名句的故事

有一个墨子学说的信徒叫做夷之,他透过孟子学生徐辟的介绍,要去求见孟子,不巧孟子生病了。过了几天,夷之又请徐辟代他转达求见之意。孟子得知后便觉得一定要见见夷之,因为他认为墨家主张"薄葬",对于丧事的办理应当节俭用度,可是夷之却"厚葬"他自己的父母,这与夷之所信奉的墨家理念是相反的。

徐辟将孟子的话转告给夷之。夷之辩称:"爱护世人并没有亲疏等级的分别,我不过是先从自己的父母开始做起。"徐辟将这话传给孟子,这下可让孟子抓到矛盾之处了。孟子发现,夷之信奉墨家的道理,却做出跟墨家学说相反的行为,却还坚称是从自己父母实行兼爱的主张。孟子接着发挥他说故事的功夫。

孟子说,古时有个人不埋葬自己的父母,将父母的遗体随意放在荒郊野外,后来经过这个地方看见野兽、鸟虫聚集在尸体上争食,这个为人子的看到这种情况,不禁感到不忍心,于是赶快将父母下葬。孟子认为,如果这样做是对的,那么为人子女的之所以选择厚葬自己的父母,也是有一定的道理。

徐辟听完后告诉夷之,夷之很失望,只说:"孟子已经教导我了。"夷之最大的错误在于,一方面信奉墨家的学说,另一方面不知不觉地做出儒家的主张。至于孟子,只是用一个简单的故事来比喻,便将儒家的道理"孝"显现出来了,真理果真是越辩越明。

历久弥新说名句

"不直,则道不见",足见孟子体认自己身负儒家学说的发扬

浩然正气

重任，也让孟子的口才发挥到极点。西洋古希腊时期的哲学家苏格拉底，世称"街头哲学家"，也喜欢在街头与人对谈，透过讨论的过程找到所谓真正的智慧。而在古希腊时期还有一个哲学学派称为"诡辩学派"，顾名思义这个学派的哲学家口才一定很好，而他们也喜欢透过演讲的方式说服群众，最注重的理念也是围绕在政治领域。事实上，诡辩学派的主要目的在于培养政治人物，而不是辩驳知识真理。

中国有一部重要的史籍《战国策》，该书主要记载了战国时代的谋臣策士于游说各国君主或互相争辩时，所提出政治主张、外交策略，全书完整呈现战国时期之谋臣策士无与伦比的能耐。这些策士，也是"不直，则道不见"，让他们的主张充分应用在当代社会。例如李斯的《谏逐客书》，不仅文辞畅达，更是比喻不断、条条精彩，不仅解救自己被逐的困境，还将他所侍奉的秦国推向另一个历史高峰。

汉朝东方朔一次得知，汉武帝要处死杀了上林苑的鹿的猎人，群臣为了讨好汉武帝，都附和着说此人该杀。东方朔则不以为然，心想居然要为了一头鹿杀掉一个人。他灵机一动便告诉汉武帝："这人应该让他死三遍。第一大罪，他让陛下为了鹿杀人；第二大罪，他让天下都知道，陛下重鹿轻人；第三大罪，当匈奴来侵犯时，便可用鹿去驱杀敌人。可是如果鹿死了，人也死了，谁去对抗敌人呢？"汉武帝听完后知道是自己的决策错误，便放了猎人。东方朔的辩才及时纠正了汉武帝，让他明了为人君的道理，也救了无辜的猎人一命。

天下之不助苗长者寡矣

名句的诞生

天下之不助苗长者寡矣。以为无益而舍之者,不耘[1]苗者也;助之长者,揠苗者也;非徒[2]无益,而又害之。

——公孙丑章句上

完全读懂名句

1. 耘:除草。2. 非徒:不但,不仅。

普天之下不以拔高禾苗去帮助禾苗生长的人是很少的。认为进行田间管理是无益处而放弃不干的,是不锄草的人;用外力去帮助禾苗生长的,便是那拔高禾苗的人,只是这样做不仅没有益处,反而会伤害它。

浩然正气

名句的故事

"天下之不助苗长者寡矣"这句话,是孟子在对公孙丑讲述如何"养浩然之气"时所举的一个例子。

有个宋国人由于担心他的禾苗长不高,因此便用手去提禾苗的顶端,试图将它拔高,好能够早日收成。在他好不容易将整个田中的禾苗都拔高并且疲倦至极地回到家里后,他迫不及待地告诉家人:"我今天真是累坏了,但这都无所谓,因为我已经帮助禾苗生长了。"他的儿子听到父亲这么说后,连忙跑至田中探望究竟,却发现早上被父亲所拔高的禾苗,现在已经完全地枯萎了。

孟子在说明"养浩然之气"时,之所以语重心长地讲了这个"拔苗助长"(亦或可说成"揠苗助长")的故事,其目的主要是为了表达"浩然之气"的"直养而无害"。所谓"直养而无害"之意,指的是让这个浩然正气自然而然地发展,切莫因为急于求成,而使用任何外力去助长,否则即助长不成还造成反效果,让原本的"正气"成了"浊气",到时就算后悔也来不及了。

孟子在讲述自己的论点之时,经常使用"寓言"的方式来做譬喻,就像我们熟知的"齐人有一妻一妾"故事,便辛辣地讽刺了那些不顾礼义廉耻、以卑鄙手段追求富贵利达的人。如此不仅生动活泼,并且也寓教于乐,比直接说教让人容易接受得多,也容易牢记得多。

历久弥新说名句

"拔苗助长"与"揠苗助长"在今天已成为一个使用率极高的典故,但或许有不少人并不知道其来由是孟子,并且原意是与"养浩然之气"这个严肃的话题连结在一起。

"拔苗助长"这个寓言故事之所以使用率高、流传度广,自然是由于有不少人习惯于违反自然,不懂得"顺应自然"以及"不逆不悖"的道理,并且期望能以最快的方式达到最终的目的,殊不知如此一来反而适得其反、弄巧成拙。

而今,由于人们多将孩童比喻成新苗、小禾苗,因此"拔苗助长"的成语似乎多在讨论"孩童教育"时出现,例如:"幼儿教育揠苗助长的趋势令全国人忧心"、"揠苗助长不足取,家长'跟进'很无奈"之类,用意不外乎是劝告那些心急着望子成龙、望女成凤的家长们千万不要因"求好心切",而干扰了孩童们的正常成长。除此之外,在描述一些"急功近利"的行径上,"拔苗助长"之语也是人们惯常所使用的。

不久前外国媒体曾报道,有一位智商高达298的美国八岁神童闹自杀,原因是他的母亲疏于照顾他的真正需求,只把他当成摇钱树,让他不断地超龄学习,并且四处表演,最后导致神童在不堪压力的情况下,走向"轻生"一途。尽管这个孩子的"自杀"之举因及早发现而抢救过来,但这位曾被称为"地球史上最伟大天才"男孩的事迹,不正体现出"揠苗助长"的真切寓意,并且也格外值得我们警惕与深思吗?

　　你是否也有"拔苗助长"的痛苦经历呢?而在看完了孟子所讲述的这么多隐含深刻寓意但却生动有意思的小故事之后,你是否也能试着想出一个类似的小故事来呢?

古之人未尝不欲仕也,又恶不由其道

名句的诞生

孟子曰:"不待父母之命、媒妁[1]之言,钻穴隙相窥,踰墙[2]相从,则父母国人皆贱之。古之人未尝不欲仕也,又恶不由其道;不由其道而往者,与钻穴隙之类也。"

——滕文公章句下

完全读懂名句

1. 媒妁:婚姻介绍人,俗称媒人。2. 踰墙:跳墙,暗指不合礼法。

孟子说:"不等待父母的命令与媒人的说合,就钻洞从隙缝中互相窥看,爬过墙去跟人家私奔,这会被父母和国人所看不起。古时候的人不是不想做官,是厌恶做官时无法遵循正道;不遵从正道的做官者,就好像是钻洞、钻墙缝的人一样。"

名句的故事

在儒家的观念中,出仕是读书人理所当然的社会责任,孔夫子便认为"不仕无义",又诚如同孟子所说,一个读书人如果失去官职,就好像诸侯失去自己的封国一样。事实上,对儒家而言,出仕并不是为了侍奉君主,或为了自己的权禄,出仕是为了"道"的推行,所以孟子才会说:"古之人未尝不欲仕也,又恶不由其道。"

因此"天下有道"的时代,就是孔子、孟子认为应该出来做官的时代,而且是读书人的义务,如果不幸亲临"无道"的时代,那就该退隐山林。这样的观点深深影响后代读书人对于出仕或退隐的抉择,也充分赋予知识分子随时可以拂袖而去的尊严。

然而,我们来看看当时战国时代的背景,孟子的政治前途根本被纵横家之流挡住了。他实际上在这句话中,是用男女私自苟合这种被人引以为耻的现象,来形容并谴责当时的纵横家,用不正当的手段获得官职。

跟孔孟思想不同的是,当时的法家代表者韩非便认为,读书人就是应该为君主谋求最高的利益,因此出仕就是要"禄仕",就是要获得官爵与富贵。韩非并且反对退隐的观点,特别是在儒家的影响下,很多人都把这些隐者当做是贤德之人。韩非认为这些所谓的隐士,是自私且骄傲的,是"无功而显"的人。

两两相较之下,我们也看到得志与不得志之间的对话,是多么的针锋相对。

历久弥新说名句

　　石昂是五代时期的临淄人，家中有藏书数千卷，很多读书人都喜欢跟他来往，当时的节度使符习景仰他的德行，便请他担任临淄令一职。一次，符习前往京城不在家，由监军杨彦朗留守他的府邸，不巧石昂因公事前去拜访符习。符习的管家因为杨彦朗避讳"石"这个字，所以把石昂的名字通报为"右"昂。石昂听了很生气，一进门便责备杨彦朗，之后石昂更是直接辞官回家，并告诫他的子孙："吾本不欲仕乱世，果为刑人所辱，子孙其以我为戒！"(《五代史·石昂列传》) 石昂告诉他的子孙，他本来就不打算在乱世中做官，果然被下贱的人所侮辱，大家应该以他为殷鉴。这就是孔孟留给读书人的骨气呀！

　　清朝赵翼在《廿二史札记》中说"明初文人多有不欲仕者"，因为当时明太祖刚得天下，认为要矫正元朝法治的松弛，一开国即用重典，所以很多读书人都不愿意出来做官。这个情况有多严重呢？"无一日无过之人，出吏部者，无贤否之分；入刑部者，无枉直之判"，居然每天都有人受审，而且身份贵贱已经没有差别了，甚至无法获得公平的裁决。赵翼也提到武将、文臣都少有善终者；朱元璋用法真是严苛呀！照道理，汉族终于脱离异族的控制，读书人应该乐于出来服务社会，现在却纷纷走避，可见士人选择君主无道则隐，损失的不只是皇帝，还有天下百姓。

浩然正气

蔡玉铃小姐写了一篇文章《大人物二三事——写我知道的蒋彦士先生》。其中谈到已故的蒋先生在担任台湾教育部长一职时,一艘载着年轻学子的船在苏澳港沉船,蒋先生为此负起责任。作者这样描述:"孟子云:'古之人未尝不欲仕,又恶不由其道也。'辞官是何等痛苦之事,但蒋先生却毅然为之,其辞职负责态度,颇有古人君子之风,更为现代政务官立下大勇大义典范。"这就是儒家为天下行道,失道时,便知所进退的风范。

孔子,圣之时者也

名句的诞生

孟子曰:"伯夷[1],圣之清[2]者也;伊尹[3],圣之任[4]者也;柳下惠[5],圣之和[6]者也;孔子,圣之时者也。孔子之谓集大成。"

——万章章句下

完全读懂名句

1. 伯夷:人名,孤竹君的长子。2. 清:清高。3. 伊尹:人名。名挚,商初的贤相。4. 任:责任。5. 柳下惠:展禽,名获,字子禽,春秋时代鲁国的公族。居柳下邑,卒后谥为惠,故后人称柳下惠。6. 和:随和,平易。

孟子说:"伯夷是圣人中清高的人,伊尹是圣人中有责任感的人,柳下惠是圣人中随和的人,孔子是圣人中重时宜的人。孔子可以说是集大成的。"

浩然正气

名句的故事

　　伯夷、伊尹、柳下惠、孔子分别是古代不同类型的圣贤，各有其优点。对一般人而言，既然都是圣贤，就很难分辨圣贤与圣贤之间有何差别。但是，孟子可以。

　　孟子形容伯夷是"圣之清者"，因为伯夷有人格上的洁癖。伯夷眼睛不看妖艳的颜色，耳朵不听淫靡之声。不是他中意的君主，不去侍奉，不是他中意的百姓，不去使唤。他的洁癖到了这样一种程度，不愿意与暴君暴民吃同样的食物，不愿意与他们踩在同一块土地上。孟子认为伯夷的洁癖（高尚节操）可以使贪心的人变廉洁，懦弱的人能立志。因此是圣贤。

　　而柳下惠则是属于"圣之和者"，柳下惠刚好跟伯夷相反，跟什么样的人在一起，他都无所谓，他的观念是："你是你，我是我；你即使在我身旁赤裸身体，又怎能玷污我呢？"所以即使是侍奉昏君，他也不会觉得羞耻；即使是奸臣，他还是会跟他们当同事，因此三教九流人人都可以跟他交往，而获得随和好相处的封号。孟子认为柳下惠的好脾气、随和，能使狭隘的人变得宽广，刻薄的人变得敦厚。

　　至于伊尹，孟子称他为"圣之任者"。与柳下惠不同，柳下惠是你叫他出来做官，他就出来做官；你叫他辞职，他就整理行李回家。而伊尹，则是天下太平的时候，他要侍奉英名的君主，天下大乱的时候，他更要出来解救苍生。他的观念是："只要想到天下众民中,有一男或一女还没有受到尧舜之道的恩泽,就感觉像是自己把他们推入了山沟似的。"换言之,他自己把天下的重担一肩扛起,因此,孟子称他为圣贤里面最负责任的人。

说了这么多优秀的圣贤,孟子要称赞的是,竟有人比他们还优秀,那个人就是孔子。孟子认为伯夷的器量太狭隘了,柳下惠的态度则不够严肃,而孔子则是该严肃的时候严肃,该随和的时候随和,该洁癖的时候洁癖,该随便的时候随便;因此孟子称他为"圣之时者"。孔子离开齐国的时候,不等生火做饭,捞起刚洗好的米就连忙上路。而离开鲁国时却说:"我要慢慢地走啊,这是离开祖国的态度。"该快点儿离开就快点儿离开,该久留就久留,该闲居就闲居,该做官就做官,这就是孔子。

既能快又能慢,既能严肃又能随和,因此,孟子称孔子是"集大成者",换言之,所有圣贤的优点都拥有了,因此是圣中之圣。

历久弥新说名句

现代社会人与人之间的关系复杂,大家已经见怪不怪。柳下惠"坐怀不乱"的故事现代人听起来应该就像天边的一朵云一样,遥不可及。有一次柳下惠出外办事,夜宿于城间口,天寒地冻,突然跑来一位弱女子,身单衣薄。柳下惠害怕她会冻死,所以就用衣服将她裹在怀里取暖。坐了一夜,两人始终相敬如"宾"。

浩然正气

这故事不知道怎么流传开来，连孔子都知道了，甚至还有柳下惠的粉丝（fancy）。有一位鲁国的男子，自己一人独居，邻居是一位寡妇，也是独居。一天晚上，暴风雨至，寡妇屋坏，于是寡妇敲那男子的门，请求让她躲躲雨。然而那男子竟然拒绝了。寡妇从窗口喊道："你怎么可以见死不救，毫无同情之心。"男子回答说："我听说男女不过六十不同居，现在，你我都年轻，所以我不能收留你。"寡妇不放弃："你为何不学学柳下惠，坐怀不乱呢？"男子则回答："柳下惠可以做得到，但是我却不行。我现在正是以我的'做不到'来学柳下惠的'做得到'。"

这个做不成柳下惠的男子的故事又传到孔子的耳朵里，孔子的称赞很有深度："向柳下惠学习的人没有一个比得上这个男子！学习贤人的品德而不蹈袭贤人的行为，这才是真正智者的表现。"做得到的是君子，做不到的也是君子，够玄妙了吧。

柳下惠以"坐怀不乱"而传颂千古，相传他还有一个很有名的弟弟，叫盗跖，也同样传颂千古，只不过传颂的是他有名的"盗"德。有天盗跖的部下问盗跖说："做大盗也有原则吗？"（"盗亦有道乎？"）盗跖回答说："做任何事情都有原则。做大盗的也不例外。凭空能猜出屋里储藏着多少财物，这就是圣；带头先进入屋里，就是勇；最后退出屋子，就是义；酌情判断能否动手，就是智；分赃均匀，就是仁。不具备这五种素质就难以成为大盗。"（《庄子》）这就是鼎鼎大名的"盗亦有道"。

这两个兄弟一个"坐怀不乱"、一个"盗亦有道"，一个是"圣之和者"，另一个不知道孟子会如何称呼？

我知言,我善养吾浩然之气

名句的诞生

"敢问夫子恶乎长?"[1]

曰:"我知言,我善养吾浩然[2]之气。"

——公孙丑章句上

完全读懂名句

1. 这一段是节选于公孙丑与孟子的对话。问这句话的是公孙丑。2. 浩然:盛大的样子。

公孙丑问:"请问老师您擅长哪一方面呢?"

孟子说:"我善于分析别人的言语,善于培养自己的浩然正气。"

浩然正气

名句的故事

虽然后人对孟子的评价多是"善辩",但孟子对自己的评价则是"知言",以及"善养浩然之气"。

所谓的"知言",也就是善于分析别人的言语:"诐辞知其所蔽,淫辞知其所陷,邪辞知其所离,遁辞知其所穷。"借由别人的言语之中了解其为人及心中所想。身为一个为理想而四处游说的说客,孟子自然要懂得察言观色,更要由别人的话语之中读出他人的真正思想,因为如此一来,他才能让人在最舒服、最愿意聆听的情况下,将自己的观点表达得彻底、淋漓尽致。可以这么说,孟子的"知言"是对他人的一种尊重,也是一种游说的技巧。

孟子的第二个特点:"善养浩然之气"。而何谓"浩然之气",孟子对此也有所解释:"其为气也,至大至刚,以直养而无害,则塞于天地之间。"总的来说,就是一种人生修养,也是一种秉持着道德的精神状态,培养的也就是今人所说的"意志力"。因为浩然之气是与仁、义、礼、智、信为主的"善"之本性相辅相成的,若是浩然之气得以蓬勃彰显,那么人的善性就得到体认和升华。

由孟子的种种作为,我们能看到他身上浩然之气的体现。当齐王以无礼态度召见他时,他予以冷冷回绝;在他国君主要送他金钱、财富时,他仍不忘自己的初衷而谢绝之。用孟子自己的话来说,浩然之气的最终极表现便是:"富贵不能淫,贫贱不能移,威武不能屈。"

孟子的浩然之气不仅表现在应对进退之间,也表现在他的文章上。苏辙便曾如此评价孟子的文章:"今观其文章,宽厚弘博,冲乎天地之间,称其气之小大。"归究其意便是:文气磅礴,直可流传千古,泽被后人。

历久弥新说名句

自孟子说出"我善养吾浩然之气"的千古名句之后,那种刚正、无畏的大气魄感动了多少代的中国人,并且也让多少仁人志士群起效尤,以"养己身之浩然正气"为职志。而这其中的佼佼者,自然非文天祥莫属。"天地有正气,杂然赋流形。下则为河岳,上则为日星;于人曰浩然,沛乎塞苍冥。"(《正气歌》)

这种至大至刚、正义凛然的气魄,如此坚强的意志力,鼓舞着一代又一代人们,让人愿意为了追求自己远大的目标,置个人的死生于度外,例如秋瑾,例如黄花岗七十二烈士。

尽管西方人也许不太懂得"浩然正气"的真正喻意,但对于"知言",他们倒是也有自己的一番见解:"Every tree is known by its own fruit"(观其言行,知其为人),与孟子的"知言"倒是有共通之处。

孟子虽已过去千年,但他所提出的"养浩然之气"以及"知言"还是相当值得我们效法,毕竟真理是绝不会随着时间流逝而消失的。

我意欲正人心，息邪说

名句的诞生

孟子曰："我意欲正人心，息邪说，距¹诐行²，放³淫辞，以承三圣者。予岂好辩哉？予不得已也！能言距杨墨者，圣人之徒也。"

——滕文公章句下

完全读懂名句

1. 距：通"拒"，抗、违之意。2. 诐行：偏颇不正当的行为。3. 放：摒弃。

孟子说："我的意图是端正人心、消灭邪说、对抗不正当的行为、摒除淫秽之语，以继承夏禹、周公、孔子等三位圣人。我岂爱好争辩呢？我是不得不如此呀！能够用言论摒除杨朱、墨子邪说的人，都是圣人的信徒。"

名句的故事

孟子的学生公都子问他，外面的人都说他喜欢争辩，究竟是为什么？孟子回答说，他都是不得已的呀，他这么做都是为了发扬圣人的大道。孟子便从圣人之道的衰微，杨朱、墨子之道的兴起，为他的学生一一分析。而他最忧心的是天下充斥太多邪恶的议论，导致出现许多不端正的行为，才会让时局如此混乱。

特别是杨朱之道，孟子认为当时天下的议论不是遵从杨朱就是依附墨子。他曾经批评杨朱的学说是"不肯不拔一毛而利天下"，是一种自私的生活态度，不顾他人、目无君上；他批评墨子的学说是不分亲疏、一律平等，这叫做目中无父。孟子严厉地说，无君无父就是"禽兽"！

儒家讲求的是一个阶级分序的社会结构，具有亲疏远近的伦理观念，当然是容不下杨墨之道。因此，孟子为什么口才这么好，总是可以跟这些非儒家学说辩论呢？他是不得已的呀！他的目的是要发扬圣人之道，承继夏禹、周公、孔子等三位圣人的理念罢了。

杨朱的自我之道与儒家当然有很多悖离之处，但是墨子的学说则不同。墨子和儒家一样，也谈尧、舜、商汤，也谈《诗经》，两者之间的差异，在于对某些事务的坚持范围、程度不太一样。例如儒家虽然说博爱，但是这个爱是有差别的，墨子则主张"兼爱"；儒家赞成合乎义理的战争，墨子主张"非攻"，反对一切的战争。因此，在某种程度上，儒墨两者的主张类似，但实质还是不同的。

历久弥新说名句

德国哲学家费希特和孟子很像，这两个人都将思想与行为合一的理念，投注于对社会的关切，而且费希特也喜欢演讲与辩论。费希特的盛名不仅仅来自他是德国观念论的启蒙师，更重要的是，就是他将德国浪漫民族主义推向一个新的里程碑。这个里程碑的造就，来自于费希特热衷于课后的演讲活动，他将演讲视为改造社会最直接、有力的手段，因为他的听众不限于大学生；而他演讲最大的宗旨就是"行动"，要求思想理论应当立即付诸行动。没有费希特的精彩演讲，他的《告德意志国民书》就没有现在的历史地位。所以如果没有孟子的积极抗辩，儒家思想恐怕就无所承继，更遑论影响中国五千年了。

宋朝文人之间的倾轧，非比寻常，朱熹就被奸人所害，让宋宁宗以为理学是"伪学"，还把朱熹的学生视为"逆党"，下令一律不准在朝为官。等到朱熹去世之后的数年，大家才开始真正了解朱熹学说的意义，特别是对于统治者。而当时的国子司业刘爚便告诉丞相史弥远，把朱熹所批注的《论语》、《中庸》、《大学》、《孟子》等书，列入学官，作为法定教科书，同时上疏皇帝说："乞罢伪学之诏，息邪说，正人心，宗社之福。"（《宋史·刘爚列传》）宋宁宗最后还给朱熹一个公道，追谥朱熹为"文"，尊为"朱文公"。

近年来台湾的传播界也出现了所谓"媒体嗜血"的问题,如果新闻报道的内容不够夸张、不够激情、不够八卦,甚至不够独家,可能收视率就会下降。所以传播界也提出"媒体自律"、"媒体自觉",供新闻从业人员反省,而这样的自觉、自律,也就是"正人心,息邪说,距诐行,放淫辞",端正社会视听的一大步。

故声闻过情,君子耻之

名句的诞生

孟子曰:"原泉¹混混²,不舍³昼夜,盈⁴科⁵而后进,放⁶乎四海。有本者如是,是之取尔⁷。苟⁸为无本,七八月之间雨集⁹,沟浍¹⁰皆盈,其涸¹¹也,可立¹²而待也!故声闻¹³过情¹⁴,君子耻之。"

——离娄章句下

完全读懂名句

1. 原泉:有源头之水。2. 混混:同"滚滚",水势盛大的样子,涌出之貌。3. 舍:不舍昼夜,言常出不竭也。4. 盈:满。5. 科:坎。6. 放:至、到。7. 是之取尔:"取是尔"的倒装句,取这个罢了。8. 苟:如果、假如。9. 集:聚也。10. 浍:音kuài,田间大沟渠。11. 涸:干枯的意思。12. 立:立即、即刻。13. 声闻:名誉也。名誉、声望。14. 情:实际的情形。

孟子说:"水从源泉里滚滚涌出,日夜不停地流着,把低洼之处填满,然后又继续向前,一直流向大海。它是永不枯竭,奔流不息。孔子所取的,就是它的这种特性啊。试想,如果水没有这种永不枯竭的本源,就会像那七八月间的暴雨一样,虽然也可以一下子灌满大小沟渠,但也会一下子就干涸枯竭。所以,声望名誉超过了实际情形,君子就会感到羞耻。"

名句的故事

一日,孟子的学生徐子看了《论语》后向孟夫子请教道:"孔子曾多次赞叹水,说:'水啊!水啊!'到底水有什么好值得称赞的?"

孟子听完一边微笑一边忍不住也开始赞美起水来:"水从源泉里滚滚涌出,日夜不停地流着,把低洼之处填满,然后又继续向前,一直流向大海。它是永不枯竭,奔流不息。孔子所取的,就是它的这种特性啊。"孟子赞赏的是水永不枯竭、厚实的根源与内在、自强不息,才能成就"放乎四海"的伟大实务。学有根本的君子也都是如此不断进取的实践,循序渐进,朝目标实现,就像水流一般。

但是人如果没有厚实的内在,则一有消耗,就会如"七八月间的暴雨一样,虽然也可以一下子灌满大小沟渠,但一下子就会干涸枯竭"。换言之,孟子强调要务本求实,否则空有名声,金玉其外,败絮其中,名声响亮超过自己的实际能力,这样子可是很丢脸的。

很有趣的是孔子的学生子贡也曾向孔子问过相类似的问题，子贡说："君子看见大水总是要观察，这是为什么呢？"

孔子回答说："水到处给予而无私，这不是很有德行吗？所到之处万物生长，这不是很有仁爱吗？流向总是循一定的道理，这不是很有正义吗？浅处流淌，深处莫测高深，这不是很有智慧吗？奔赴深渊而毫无疑惧，这不是很有勇气吗？任何细微之处也不放过，这不是很明察吗？遇到险恶地势也不避让，这不是很容忍大度吗？"（《韩诗外传》）

历久弥新说名句

一个人能够在受到褒奖时，随时担心是否有"声闻过情"（名声超过实际的才能）之辱，那么就可以称得上是一个懂得自省的优秀之人。春秋时期的介之推不但不喜欢"声闻过情"，还创造一个新名词，认为"声闻过情"的人是"贪天之功"。

春秋的晋文公重耳经过一番颠沛流离，终于回到晋国当了国君。为了报答有功之臣，他将跟随自己流亡的人列为一等功，给过帮助的列为二等功，迎接归来的为三等功。赵衰、狐偃等因跟随流亡有功，无采地的封采地，有采地的加封。其他帮助的、迎归的一一有赏，连一般的小臣奴仆也赏钱币，皆大欢喜。看到众人自我吹嘘、争相邀功的嘴脸，介之推非常厌恶，他自始至终都不发一语，晋文公也没想起他。晋侯又贴出诏令："如果有谁被遗漏了，请自己来报。"介之推就刚好是这漏网之鱼。

他的邻居看见诏令，便来找介之推。见他正在家里编草鞋，便说："你以后不用再干这一行了，晋侯出了诏令找有功之人。你只要一露面，晋侯就会想起你做过的贡献，按功行赏。"介之推笑着没有回答。

他的母亲说："你跟着晋侯流亡19年，晋侯饥不择食时，你割下自己腿上的肉给他熬汤喝，没有功劳还有苦劳，你为什么不去见一见主公呢？"介之推回答说："孩儿没有什么要求晋侯的，为什么要去呢？"邻居觉得很可惜，又跑去找介之推想要说服他："你去见一见主公，封个一官半职，也领一些布和米，省得天天打草鞋了。"

子推说："晋献公有九个儿子，只有主公最贤能。晋国属于主公，这是天意，有些人却误以为是自己的功劳。偷盗别人钱财的人，叫做盗贼。到主公那儿居功求赏等于贪天之功为己有，更加可耻。我愿意终生编草鞋，不愿意去争这份功劳。"（《左传》）

"贪天之功"是指把别人的功劳归于自己。不仅只有介之推不言禄，不贪功，连他的母亲也是一位人中人。邻居走后，他的母亲对介之推说："你是廉洁之人，我是廉洁之人的母亲，我们为什么不去隐居呢？"当晚，介子推背着母亲躲到绵山里去了。由此可见，君子对"声闻过情"这件事是有多么在意了。

出于其类,拔乎其萃

名句的诞生

麒麟之于走兽,凤凰之于飞鸟,太山[1]之于丘垤[2],河海之于行潦[3],类也。圣人之于民,亦类也。出于其类,拔[4]乎其萃[5],自生民以来,未有盛于孔子也。

——公孙丑章句上

完全读懂名句

1. 太山:即今之泰山,又名"岱岳"。2. 丘垤:小土丘。3. 行潦:指路上的积水。4. 拔:超出。5. 萃:原为草丛生的样子,在此引申为同类丛聚。

麒麟与走兽,凤凰与飞鸟,泰山与土丘,河海与水沟,其实都是同类的事物。而圣人与一般老百姓,其实也是同类的,只是圣人高出于他的同类,孔子又高出于圣人。自有人类以来,没有谁比孔子更伟大的了。

名句的故事

孟子可说是直接继承孔子学说的儒家代表人物，并且他对孔子的推崇也是不遗余力的。有一回，他的学生公孙丑问他："老师，你也算是位圣人了吧？"孟子听到后回答说："连孔子都不敢以圣人自居，我怎么能算是呢？"公孙丑又问："孔子与古代的圣人究竟有什么不同呢？"孟子说："麒麟和一般走兽、凤凰和其他飞鸟都属同类，圣人和一般老百姓其实也属同类，只是圣人的优秀远远超出同类中的其他人，而孔子，更是圣人中的圣人。"

孟子的这一番话，可视做是他对孔子"孺慕之心"的终极体现。并且在这断话中，孟子一方面点出了孔子的圣哲地位，而另一方面，却也说明了一个重点，那就是无论孔子是如何的"拔萃"，但终究也与我们一般，都是"人"类。

的确，虽然孔子是人类中的佼佼者，虽然旁人有许多不及孔子的地方，但是其实我们之所以不能和孔子一样成为圣人，并不是因为"不可能"，而是因为下的工夫不够，也就是孟子曾说过的："不是不能，而是不为。"

"圣人可学并可为之"是儒家一直以来所持的论调，正因为此，所以孟子才会说"人皆可以为尧舜"，荀子才会说"涂之人皆可以为禹"，而宋明理学家更怀抱有"满街都是圣人"的理想。

儒家这种"天命之谓性"的说法，是具有普遍性的，也就是可以普及到所有人群当中的,因此就算无法达到孔子那样的高度,但也并非不能拿来作为学习榜样的。因此,当下回我们想说"圣人是独一无二的"、"圣人是学不来的"这类话时,一定不能忘记孟子对我们的教诲喔!

历久弥新说名句

自孟子说出"出于其类,拔乎其萃"的话后,"出类拔萃"便成为形容、赞颂那些才能特殊、超越众人的佼佼者的专用名词。像在《三国志·卷四十四·蜀书·蒋琬传》中,便用:"琬出类拔萃,处群僚之右"来形容蒋琬。而在《红楼梦·第四十九回》中,更是如此形容那个才华洋溢、神仙般的"林妹妹":"其中又见林黛玉是个出类拔萃的,便更与他亲敬异常。"

到了今天,"出类拔萃"一词的出现更是随处可见,特别是在贺喜题词,或是称赞文艺、体育等活动之中的胜出者时,更是屡见不鲜,例如:"最年轻神农奖得主科学养牛'出类拔萃',注重牛只营养及牛群繁殖管理建立产学合作提升牛群产能。"并且像"拔类超群"、"拔萃出群"、"拔萃出类"、"出类拔群"、"出类超群"、"出群拔萃"等词可说皆是由此衍生出来。

除了成为锦旗题字、报章杂志的标题之外,其实"出类拔萃"也成为人们砥砺自我、努力向上的一个希冀。一本名为《出类拔萃:造就优秀职员的十七种品质》的书,便总结了每个优秀团队成员必须具备的十七种品格及特质,让这本书不仅成为管理层培训和选拔优秀团队成员的指南,也成为团队队员提高个人质量的一个教程。

  你曾想过要做一个"出类拔萃"的人吗?你曾经被长辈期待着成为一个"出类拔萃"的人吗?其实无论是否想、是否能成为一个顶尖的人物,大家都还是应该要好好的充实自己,只是千万要切记,绝不要因为急于求成而"拔苗助长"。

古之君子，过则改之

名句的诞生

古之君子，过则改之；今之君子，过则顺[1]之。古之君子，其过也，如日月之食[2]，民皆见之；及其更[3]也，民皆仰[4]之。今之君子，岂徒[5]顺之，又从为之辞[6]。

——公孙丑章句下

完全读懂名句

1. 顺：遂也，继续错下去之意。2. 食：蚀。3. 更：改。4. 仰：敬仰。5. 岂徒：不但。6. 为之辞：寻找借口、编造词句来掩饰过失。

古代的君子，犯了错误就改正；现在的君子，犯了错还任错误继续延续下去。古代的君子，犯错误时就像天上的日食月食一样，所有的百姓都看得到；等到他改正了错误，老百姓依然敬仰他。现在的君主岂止不改正而已,还要为自己的错误寻找各种借口。

名句的故事

齐宣王先前攻下燕国后,曾与孟子讨论过究竟该不该占领燕国的问题,虽然当时孟子同意了齐宣王的决定,但还是苦口婆心地劝告着齐宣王一定要施行"仁政"。

而将孟子规劝当成耳边风的齐宣王,最后得到的,终归是燕国的反叛。此时,齐宣王才想起了孟子曾对他说过的话,心中感慨不已:"我现在若再见到孟老夫子,一定会感到非常惭愧。"

齐国的大臣陈贾听到了齐宣王的话之后,巧言令色地举出了周公的例子来安慰自己的君王。他告诉齐宣王:像周公这样贤德的君王都曾犯下错误,那么齐宣王偶尔犯个错误也是可以原谅的事。此外,陈贾还自告奋勇地前去求见孟子,想以同样一套说辞来为齐宣王开脱过失,拍一下齐宣王的马屁。

正直不阿的孟子自然对陈贾这种"文过饰非"的言论相当不以为然,因此毫不客气地申斥陈贾及其"似是而非"的言论。孟子认为君王也是人,是人都难免都犯错,因此只要犯了错后能深自反省、改过向善,就还是一个值得称颂的君王。可是像齐宣王这样犯了错误还要为自己找借口、找理由的君王,根本就没有资格跟过往那些知错必改的圣明君王相提并论。

孟子这一番义正词严的训斥,让拍马屁不成反而碰了一鼻子灰的陈贾只能乖乖地听取教训，然后再不敢邀功地落荒而逃。

历久弥新说名句

　　《左传》宣公二年中曾提及："人谁无过？过而能改，善莫大焉。"强调人要勇于改过。古人认为，即使是圣贤也难免会有过失，但只要知错能改，就是好人。可是如果有了过错却不想改正，那就是真的错误，正如孔子所说："过而不改，是谓过矣。"（《论语·卫灵公》）

　　的确，圣人们从来没有要求人不能犯错，孔子甚至还说过："闻过而喜"、"过则勿惮改；知错能改，善莫大焉"的话，因此可以这么说，孟子的思想便是承袭着儒家一贯对待"过失"的一种基本态度。

　　但这种积极向上的态度却不仅仅只存在于中国，在西方也有类似的说法，像耶稣便曾经说过："悔改是死而复生，失而复得。"可见"改过迁善"具有普世的价值，而非仅仅是单一的特例。

　　古籍中关于"改过向善"的故事数不胜数，像著名的廉颇"负荆请罪"、周处"除三害"等故事更是大家耳熟能详的，并且，有不少文人还将"改之"作为自己的字号或者斋名，以为劝诫，例如南宋刘龙洲名"过"字"改之"。

　　而在现代小说中，"过则改之"最著名的例子莫过于金庸小说《神雕侠侣》中的男主人公神雕大侠的名字。适时，郭靖为杨康之子取名便是单取其义,希望名"过"字"改之"的杨过,不要像他的父亲一样犯下那样多损人不利己的错事。可想而知,郭靖为杨过取了这个名字时,寄予的自然是无穷的希望,以及对杨过之父杨康过往所做恶事的惋惜。只是他却忽视了"逝者已去,来者尤可追"的道理,而让杨过莫名地背负着不属于自己的罪恶,终其一生。

现在,你可以试着找一找,看看在中外历史上还有哪些著名"改过迁善"的例子,然后将他们牢记在心,作为自己学习的对象。

吾未闻枉己而正人者也

名句的诞生

吾未闻枉己[1]而正人[2]者也,况[3]辱己以正天下者乎!圣人之行不同也;或远或近,或去或不去;归[4]洁其身而已矣。

——万章章句上

完全读懂名句

1. 枉己:枉,弯曲。己身行为不正。2. 正人:纠正别人。3. 况:更何况。4. 归:合并、总结。

我未听说自己不正却能匡正别人的,更何况侮辱自己来匡正天下呢?圣人的行为是有不同的,有的避离君主,有的接近君主,有的离开朝廷,有的不离开朝廷,但都归结到使自身洁净罢了。

名句的故事

　　喜欢质疑圣人伟人事迹的孟子的学生万章又开口了，这次他的对象是商朝的立国功臣伊尹，他怀疑伊尹获得官位的手段不光明正大。他问孟老师说："我听到人们这样说，'伊尹以当厨子来求得汤的任用。'有这回事吗？"

　　圣人道统的捍卫者孟子立刻为伊尹辩护说："不，绝对不是这样的。"伊尹原本是"在有莘国的郊野耕作，喜爱尧舜之道。如果不符合义，不符合道，即使把天下当做俸禄给他，他也不理睬；即使有四千匹马拴在那里，他也会看都不看一眼。如果不符合义，不符合道，一根草不拿去送人，也不拿别人一根草。汤派人带了礼物去聘请他，他无动于衷地说：'我要汤的聘礼干什么？哪如我生活在田野中，像这样把尧舜之道当做快乐呢？'"

　　孟子继续说："后来汤又多次派人去聘请，伊尹才改变态度，说：'与其隐居在田野中，把尧舜之道当做快乐，哪如使这个君主成为尧舜那样的君主呢？哪如使百姓成为尧舜时代那样的百姓呢？哪如亲眼见到尧舜那样的盛世呢？上天生育这些人民，就要使先知者帮助后知者觉悟，先觉者帮助后觉者觉悟。我，上天所生人民中的先觉者，我将用这尧舜之道去使人民觉悟。不是我使他们觉悟，又有谁呢？'他想到天下的人民中，要是有一个男的或一个女的没有享受到尧舜之道的恩泽，就像是自己把他们推入了山沟似的。他就像这样把天下的重任担在自己肩上，所以到汤那里劝说他讨伐夏桀,拯救人民。"

同样的,孟子认为伊尹既然能够治理好天下,受到赞赏,就不可能是一个自身行为不正、品德不洁之人。至于,他选择出来做官,或待在乡下种田,则必然是有其考虑,考虑的基础就在于如何能够完备自身的人格。

事实上伊尹确实是一个很有名的厨师,据说拥有"庖丁解牛"的神技。那么究竟伊尹有没有利用厨艺来求得任用呢?《史记》记载伊尹从烹调的技术要领和烹调理论,引出治国平天下的道理,商汤听完后心悦诚服。因此,孟子的辩解其实想说的是,真正能获得汤的赏识的是因为伊尹的内涵与思考,而不单单仅是依靠他的厨艺就能治理国家。最后,本篇名句也成为著名的成语"枉己正人"的发源,意思是:自己行为不正不义,却妄想要去纠正他人。

历久弥新说名句

人因为眼睛是看出去的,看不见自身,所以常常发生"枉己而正人"的事情。有一则小故事是这样的:

有个太太多年来不断指责对面的太太很懒惰,"那个女人的衣服永远洗不干净,看,她晾在院子里的衣服,总是有斑点,我真的不知道,她怎么连洗衣服都洗成那个样子……"

直到有一天,有个明察秋毫的朋友到她家,才发现不是对面的太太衣服洗不干净。细心的朋友拿了一块抹布,把窗户上的灰渍抹掉，说："看，这不就干净了吗?"原来，是自己家里的窗户脏了。

"己不正，难正人"，自己行为不正直的人，不但无法去纠正别人，还会让正直的人离你远去，并吸引不正直的人纷纷前来接近。大家都知道，北宋徽宗擅舞文弄墨，颇有文采，并喜欢搜集各地奇珍异宝。当时宦官童贯就奉宋徽宗之命，到三吴地区搜括珍玩书画，巧遇被贬的蔡京，蔡京见机不可失，爰以歌妓钱财买通童贯，使童贯将自己所写的书画和搜集的宝物，进献给皇帝。

蔡京百般讨好、进献，渐渐地终于宋徽宗注意到他，并将他升官至左右。而蔡京至此也就露出他暴敛横征和奢玩的本性，在南方大兴"花石纲"，强行搜罗珍玩宝物，逼得百姓卖儿鬻女，民不聊生。虽说宋徽宗是一个爱好艺术的人，但是作为一个皇帝他还是落入"上下交相贼"、"上梁不正下梁歪"的陷阱。俗云："官员敢过河，群众就敢过江。"为官者实在不可不每天警告自己三次啊。

大而化之之谓圣,圣而不可知之之谓神

名句的诞生

浩生不害[1]问曰:"乐正子,何人也?"孟子曰:"善人也,信人也。""何谓善?何谓信?"曰:"可欲之谓善[2]。有诸己之谓信[3]。充实之为美[4]。充实而光辉之谓大[5]。大而化之之谓圣[6]。圣而不可知之之谓神[7]。乐正子,二之中,四之下也。"

——尽心章句下

完全读懂名句

1. 浩生不害:齐国人,姓浩生,名不害,因为见到孟子听闻乐正子在鲁国主政而欢喜,因此问孟子乐正子是谁。2. 可欲为之善:此句话从"己所不欲,勿施于人"而来,而使得"己所欲"让"人人欲之",也就是让所有人都喜欢自己喜欢的事物,就是所谓的善人。3. 有诸己之谓信:根据朱熹的说法,讨厌令人讨厌的东西，喜欢令人喜欢的东西，完全出于本心，就是所谓的信人，是个可以被信任的人。4. 充实之谓美：朱熹解释此句，一个人只要力行善行，德性便会充满而积实，因此美就会充满其中。5. 充实而光辉之谓大：一个人只要内心和顺，英华便会自然显露于外表，美在其中，如果运用于社会事业，德业便会达到至圣，可以称之为大。6. 大而化之之谓圣：大而能化，便可以非常从容，达到非人力所能为的地步，进入圣的境界。7. 圣而不可知之之谓神：程子的说法是，圣到达至妙而不留迹象的地步，并非在圣人之上，还存在着更高一等的神人。8. 二之中，四之下："二"，指善、信。"四"，指美、大、圣、神。

浩生不害问道："乐正子是怎么样一个人？"孟子说："他是个善人，也是个信人。"浩生不害接着问："怎么样叫做善？怎么样叫做信？"孟子接着说："人人都喜欢他，称赞他是个好人，叫做善。本身具备善的行为，就叫做善。而内心充满善行，就叫做美。充满善行而又能发扬光大，就叫做大。如果大到没有任何迹象，便叫做圣。而圣到了至妙的地步，就叫做神。乐正子刚好在善与信两个境界之间，而在美、大、圣、神之下。"

名句的故事

此章乃是孟子评论乐正子的人品，并开出君子进德修业的六个境界，即善、信、美、大、圣、神，勉励人修德向善达于圣境。

学者傅佩荣认为孟子此种说法，并非凭空幻想。他指出，孟子非常喜欢将事物分门别类，六重境界的第一境界是善，因为人性向善，所以只要真诚面对自己，就会发现并实践善，其次是信，可以解为真，唯有自己实践了善，才称得上是个真正的人，完完全全实践了善，这种充实感可以称之为美。而从内心发出德行的光辉，成为大人物，进一步可以"化民成俗"，成为圣人，最后达到"天人合德"的境界，便可称为神。

"善、信、美、大、圣、神"六重境界的说法，接近孟子在《尽心》篇所说的"夫君子所过者化，所存者神，上下与天地合流"，指的是一个君子所待过的地方，必定可以用其德行感化人民，而他的教化与天地之道同时运行。孟子说的君子，傅佩荣认为就是孔子。

历久弥新说名句

孟子的说法，不少论者认为等同于宗教的说法。"儒家"到底是不是"儒教"，迄今争论未休，不过，新儒家牟宗三却肯定地认为，儒家就是"道德宗教"，因为儒学连接了人性与天道、内在与超越，因此可以称之为宗教。

不管儒家到底算不算宗教，"善、信、美、大、圣、神"，都可以称为儒家修身的六重境界，天主教也有类似的说法，即"圣、美、善、真"，有人认为次序应该颠倒，即"真善美"之后加上"圣",而"圣、美、善、真"也是天主教大学——辅仁大学的校训。

如果说孟子六重境界,是阶梯式地向上攀升,但是佛教的境界却全然不同,《心经》中写道"不生不灭、不垢不净、不增不减",扼要地说明了佛法所谓"不落两边"的道理。

穷则独善其身，达则兼善天下

名句的诞生

尊德乐义，则可以嚣嚣[1]矣。故士穷不失义，达不离道。穷不失义，故士得已[2]焉；远不离道，故民不失望焉。古之人，得志，泽加于民；不得志，修身见于世。穷则独善其身，达则兼善天下。

——尽心章句上

完全读懂名句

1. 嚣嚣：自得的样子。2. 得已：犹言自得。

尊崇德，喜欢义，就可以自得其乐。因此，士人失意时不失掉义；得意时不离开道。失意时不失掉义，所以自得其乐；得意时不离开道，因而百姓不致失望。古代的人，得意时，恩惠遍及百姓；不得意时，修养品德以显于世。失意时完善自己的身心，得意时则拯济天下。

名句的故事

孟子对一个名叫宋勾践的人说:"你喜欢游说各国的君主吗?我告诉你游说的态度:别人理解也安然自得,别人不理解也安然自得。"

宋勾践说:"怎样才能做到安然自得?"

孟子说:"尊崇德,喜欢义,就可以自得其乐。因此,士人失意时不失掉义;得意时不离开道。失意时不失掉义,所以自得其乐;得意时不离开道,因而百姓不致失望。古代的人,得意时,恩惠遍及百姓;不得意时,修养品德以显于世。失意时完善自己的身心,得意时则拯济天下。"

修身、齐家、治国、平天下,是儒家思想传统中知识分子谨守的信条。以自我完善为基础,透过治理家庭,最终到平定天下,可以说是数千年来知识分子的最高理想。然而,成功的时候少,失望的时候多,于是孟子说:"穷则独善其身,达则兼善天下。"这积极而达观的态度弥补无法完成的孤高理想,成为千年来儒家的信条。

穷达是身外事,只有道义是根本的,如孔子所说:"用之则行,舍之则藏。"进可攻,退可守,明哲保身,进退自如;当穷困不得志时,以独善其身的清高安抚失落的心,飞黄腾达时,又以兼善天下的豪情警诫自己。如孟子夸赞孔子"可以仕则仕,可以止则止"，孟子这番话可以说是儒家发挥最极致的理想主义。

历久弥新说名句

达则兼善天下是一种入世，而穷则独善其身则是遁世。一生只做过小小彭泽县令的陶渊明，看到社会的腐朽，知道自己无力改变，只好追求自身道德的完善。他"不为五斗米折腰"而辞去官职，避隐乡间，过着悠然自得的生活。以入世眼光来看，他的人生是很贫乏的，但若以遁世眼光来看，他却很自由。

唐朝诗人白居易早期的诗作即传达出兼善天下的理念，认为"文章合为时而著，歌诗合为事而作"，要求文学创作应"为君、为臣、为物、为事而作，不为文而作"。如此重视文学的社会功能，致使白居易前期的作品有一种传达民意、抨击社会黑暗现实的内涵。然而到了后期，他政治失意，消极避世，"知足保和，吟玩性情"，大量的"闲适诗"表现出悠然自得、恬淡的情调；兼善天下感觉转淡，趋向独善其身，白居易的文学人生可以说是大多数文人由入世被迫转为遁世的缩影。